フィギュアスケート

美のテクニック

監修＝樋口 豊　モデル＝太田由希奈

企画・執筆＝野口美恵

SHINSHOKAN

INTERVIEW

樋口 豊&「フィギュアスケート

**氷上の芸術、フィギュアスケート。パワー溢れるジャンプ、→
身のこなしなど、多くの魅力が凝縮された競技だ。
陸上でのバレエやフラメンコとは違う
「美の追求者」である樋口豊先生と**

樋口豊（ひぐちゆたか）
1949年9月20日生まれ。全日本選手権3連覇、1968年グルノーブルオリンピック、1972年札幌オリンピック代表。明治神宮外苑アイススケート場でインストラクターを務める傍ら、NHK、J SPORTS等で解説にあたる。

──フィギュアスケートの一番の魅力というのは何でしょう？

樋口豊　美しさの中にパワーがあるというのが理想。力と美は共存し得るものです。ただ単に美しいとか、上半身だけが綺麗なポーズをとって止まっている、という様なものはフィギュアスケートの美しさではないんです。

太田由希奈　滑っている中での演技、滑っている中でのステップというのができる選手は、やはり見ていても感動します。素晴らしいスケーティングしているなあって、素直に心に届きますね。

樋口　そう。踊って、跳んで、回って。それだけじゃダメ。滑っている中でやらないとダメなんです。その部分はフィギュアスケートならではの感性なので、テレビで見ていると伝わりにくいのかも知れませんね。でも、「滑っている中で」というのが、他のバレエやフラメンコやボールルームダンスなどにはない、フィギュアスケートの魅力なんです。ブレードと氷のタッチが素晴らしく、そしてその足元からのパワーが身体を通って上半身の表現につながっていく、というのが理想です。

太田　樋口先生は、いつも「足元からの表現」ということをおっしゃいますね。それは先生に習ってから考えるようになりました。

樋口　足元からパワーが伝わっていないと、実は綺麗に見えないんですよ。

太田　演技が上手と思わせるスケーターは、上半身だけで踊らずに、滑っている流れと自然に合う様な上半身の動きをされています。それが樋口先生の言う「綺麗に見える」という事だと思います。

樋口　そのためには、まず正しいエッジワークが基礎にないといけません。綺麗なエッジが綺麗な踊りを作る。正しいエッジなら、自然でパワーのあるスケーティングが生まれて、その流れの美しさ

太田由希奈の
に求める魅力」

音楽と一体となった演技、指先まで神経の行き届いた
しかし一方で、採点基準を完ぺきに理解するのは難しい。
「フィギュアスケートとしての美学」とは何か？
太田由希奈さんのお２人に、お話しいただいた。

太田由希奈（おおたゆきな）
1986年11月26日生まれ。02年ジュニアグランプリファイナル優勝、03年世界ジュニア選手権優勝､04年四大陸選手権優勝。06年から樋口豊コーチに師事し、基礎に忠実なフィギュアスケートの美学を学び、08年秋に引退。プロスケーター。

が上半身を際立たせるんです。

太田　樋口先生はいつも「丸いトレース（軌道）」ということを強調されています。フラットではなく、インとアウトのエッジに乗っていれば軌道はカーブになるので、プログラム全体を丸い軌道の組み合わせで滑ることができる、ということですよね。

樋口　そう。フィギュアスケートは、丸い軌道が自然ですからね。フラットのエッジが混ざっているプログラムは、見ていて不自然だし違和感を感じます。あとは綺麗なエッジの次はパワーも必要。だから綺麗でシャープなエッジが、キレのある演技の源といえば良いでしょう。インやアウトに力強く深く乗っているとか、その切り替えがはっきりしていて速いとか。こういったエッジワークにキレがないと、ダラダラした演技になってしまって「この選手はポーズは綺麗なんだけど、なんだかもったりした印象……」なんてことになります。綺麗でシャープなエッジが理想ですね。

――では次にフィギュアスケートの「表現」とはどんなものでしょう？

樋口　もし滑らずに氷の上に立って、お芝居みたいに顔だけで「悲しい」「楽しい」って感情表現したら、フィギュアスケートの場合は可笑しいですよね（笑）。曲の間で、滑らずに立ったまま演技する場面があまりに多いと、ジャッジは「これはスケートとしての表現ではない」と感じてしまいますから。滑っている動きの中で、音の緩急に合わせてスピードも緩急を付けるとか、そういうものが求められます。

太田　樋口先生と交流の深いデイヴィッド・ウィルソンさんの振付は、すごく流れを大切にしていて、無理がなく踊りやすいという印象でした。ポーズを決めるんじゃなくて、「流れに身を任せて」って言われて、そうすると自然に演技が出来る。樋口先生もそういった流れを大切にされていますね。

――プログラムの曲選びは、やはりクラシックが良いのでしょうか。

樋口　クラシックでもモダンな曲でも、曲想を表現できるなら構わないと思いますよ。スピードのあるジャンプと伸びのある滑り、優れたスピンがあれば、曲は何であれフィギュアスケートとしての表現はできるでしょう。でも曲選びはフィギュアスケートの演技に大きく影響するので大切です。バレエやミュージカル、オペラなどは上半身の使い方が基礎に忠実ですし、一度は踊れるようになった方が良いでしょうね。その基本が身につけば、滑っている流れの中で演技することが分かってくるので、ヒップホップやロックなどもフィギュアスケートらしくこなせるのではないでしょうか？　でも私の好みは、男は男らしく、女は女らしい曲と演技が素敵だと思います。

――先生が現役の頃の演技は今とは違いましたか？

樋口　私が選手だったころはまだまだ、音楽を効果的に使えている選手は少なかったのではないでしょうか。でもジャネット・リンなど今見ても素晴らしい選手もいました。また、フィギュアスケートを変えたのは、カナダのトーラー・クランストン（1976年インスブルックオリンピック銅メダル）。彼がフィギュアスケートの演技にダンスの要素を初めて取り入れた選手で、氷上の芸術家と呼ばれていました。そこから、今のような音楽に乗って派手に演技するフィギュアスケートになっていきましたね。

――『氷上の芸術家』を目指すには何をすれば良いのでしょう？

樋口　まず基本はスケーティングとエッジワーク。地味だけど、基礎の繰り返しが大切です。例えばスケーティング力で秀でているカロリーナ・コストナーさん（イタリア）は毎回1時間、クロススケーティングなどの基礎練習をするといいます。

太田　樋口先生は、野辺山合宿でも必ずエッジワークの練習の時間を大切にしていますね（P96）。

樋口　私たちコーチは、もっとスケーティングを教えたいと思うのですが、試合に追われて曲かけ練習やジャンプの練習に時間を取られてしまうんです。今はどうしても、ジャンプを跳べば上の順位に行ける時代ですからね。でも、どんなに基礎を教える時間がなくてジャンプ練習をしている時でも、姿勢とエッジだけは気をつけるように話しています。猫背とか、すごく上体を折ってしまうとか、お尻を突き出してしまうとか。子どもの頃にクセをつけてしまうと大人になってから直すのは本当に大変なことですからね。

太田　スケーティングといえば、先生はいつも「ダイヤモンド」の話をされますね。

樋口　そう。誰もがね、足の裏にダイヤモンドを持っているのですよ。足の裏の重心とブレードの滑る場所とがマッチングする1点がある。そのダイヤモンドを見つけられた人と見つけられない人で

1972年札幌オリンピックでのジャネット・リン（写真:山田真市／アフロ）

は、スケーティングが全く違います。でもそのダイヤモンドは、コーチからは教えきれない。自分の感覚の中で苦労してつかむしかないんです。

太田　樋口先生はそのダイヤモンドを見つけていらっしゃるので、今でも選手顔負けの素晴らしいスケーティングをされています。先生のクロススケーティングを見ると、すごく深いエッジに乗ってグイグイ滑ってらっしゃって、まだまだ現役！って思います。

樋口　私はダイヤモンドを見つけられないまま選手時代を終えました。現役の時なんて、世界では全然ダメな選手でしたからね。今振り返ると、素晴らしいスケーティングの能力がある選手が多い時代で、ジャネット・リンはダイヤモンドを見つけていた1人ではないでしょうか。

――フィギュアスケートで、ここが一番素敵という魅力は何でしょう？

樋口　1つのポジションのまま移動出来るというのが魅力ですね。バレエなら、アラベスクをしても止まっているでしょう？ スケートならスパイラルで、力強いエッジに乗ってパワーやスピードといった魅力を加えることができる。だからバレエじゃなくてスケートならではの魅力を見せるには、エッジワークが大切になってくるんです。そのあたりは、太田さんにも現役の時に教えたつもりです。

太田　樋口先生から習う動きの中でも好きなのは、ウエイトシフトです。重心の移動だけでも表現になる。ただステップやターンを組み合わせて「つなぎ」と言うのではなくて、ウエイト（重心）の位置を変えることで滑りに変化を出せるというのは、すごく勉強になりました。クロススケーティングだけでも、重心の位置や上半身の向きなどで曲を表現できるという事を樋口先生から学んだ事は、私の大切な引き出しになっています（P68、108参照）。

樋口　つい上半身の動きばかりが演技だと思いがちですが、実際には上体の動きがなくても演技は出来るんです。深いエッジに乗った瞬間にスッとスケーティングが伸びるとか、イーグルで加速していく時とか、そういう派手ではない動きで人に感動を与えることができるのが、スケートの魅力です。さらに言えば、ジャンプだって表現のひとつに成り得ます。正しいエッジに乗って、高さとスピードと飛距離があって、降りてなおスーッと流れる。そういうジャンプを見ると素直に「あぁカッコイイ」って思える。それが表現。でもそれも、結局はスケーティングがしっかりしているからできること。だから結論から言えば、エッジを通して足元から伝わってくる動きこそがフィギュアスケートの美しさだと思います。

太田由希奈 ©M.Sugawara / Japan Sports
（写真提供プリンスアイスワールド）

はじめに

フィギュアスケートには独特の美学がある。陸の上での踊りとは異なる身体理論がある。氷の上を滑走しながら踊るということは、身体への負荷が違うため、美技といわれるポジションや技術もフィギュアスケートならではのものが存在するのだ。

芸術競技といわれるフィギュアスケートでは、ジャンプなどの技術面はスポーツ医科学の発達にともない年々、向上している。一方で、求められる美学は変わらない。基礎理論に忠実な正しい滑り、スピードの緩急やカーブを取り入れた美しい演技は、何十年たってもやはり魅力的だ。

本書は、日本人として初めてトロントの名門クラブに留学し、２度のオリンピックを経験した樋口豊先生が、約60年間にわたり培ってきたフィギュアスケートの美学をまとめたものだ。モデルは、樋口先生の門下生で、日本フィギュアスケート界の珠玉ともいえる太田由希奈さん。樋口先生の美学を体現できるスケーターだ。

一朝一夕では手に入らない「フィギュアスケート独特の美学」。本書を通し、その存在があることだけでも伝われば、と思っている。

野口美恵

フィギュアスケート 美のテクニック CONTENTS

観戦力UPは観戦者に、競技力UPはスケーターに特におすすめのページです

第3章 プログラム・パフォーマンス 83

★本書に収録した太田由希奈さんの演技の一部を動画でご覧いただけます。　新書館　美のテクニック　検索

第1章

メイン エレメンツ

Main Elements

太田由希奈（2003年NHK杯）

JUMP ジャンプの美学は「スピードと成功率」にあり

**フィギュアスケートで最もパワーが溢れる見所といえばジャンプ。
トリプルアクセルや4回転は肉体の極限に挑む技だ。
ではなぜ、あのような超人的な技が可能になるのか。
まずはジャンプの理論や習得方法について知り、ジャンプの美学を考えてみよう。**

6種類すべて左回り、右足降り

ジャンプは全部で6種類。すべて左回りをして、右足で後ろ向きに降りる。空中では、伸ばした右足に左足を絡ませた姿勢をとり、右足から頭にかけて回転軸を作る。右軸で回転すれば重心も右側にあるため、右足の片足で着氷することができるのだ。

ただし、カロリーナ・コストナーやアリッサ・シズニーなど一部の選手は身体が逆利きで、右回りでジャンプして左足で後ろ向きに降りる。

水平方向の速度を利用して斜め上へ跳び上がる

フィギュアスケートのジャンプは、ひとことで言うと「幅跳び」だ。「高跳び」ではない。ある程度のスピードを出して滑って行き、トウを突くまたはエッジに深く乗ることをきっかけに、膝を伸ばしたタイミングで、身体は斜め上へと放り出される。水平方向のパワーをトウやエッジで方向転換し、斜め上方向のパワーに換えている。

つまりジャンプは、筋力だけで跳びあがるのではなく、助走のスピードをタイミング良く高さ・飛距離へと換えるコツが大切。実際、トップ選手が陸上でジャンプしても氷上ほど高くは跳べない。

このタイミングで大切なのはエッジやトウの使い方だ。「エッジ系」と呼ばれるアクセル、サルコウ、ループは、それぞれエッジ（刃）で氷を削ぐように深くエッジを倒し体重をかける。また「トウ系」と呼ばれるトウループ、フリップ、ルッツは、トウ（つま先）を氷に突くことで跳び上がるきっかけをつくる。

ジャンプ習得に2方法 垂直な軸のハーネスか陸上ジャンプ

卓越した技である3回転、4回転といったジャンプを身につけるため、各国のコーチたちはより効率的で確実な習得方法を模索している。現在、主に2種類の練習方法がとり入れられている。

ひとつは、本来のジャンプ理論をそのまま忠実に守る考え方で、氷上で練習する。スピードを出して助走し、より強いストップをどうかけるか、効率よく空中に跳び出すタイミングはいつかを模索しながら、身体で覚えていく。3回転ともなると余計な力が入ったり回転軸がブレやすいため、選手によっては成功率が上がるまでに時間がかかる傾向がある。

そのため、欧米ではハーネスという吊り道具を使う選手が多い。選手はスピードを出してジャンプを踏み切り、コーチがハーネスを操りタイミングを合わせて選手の身体を吊り上げる。スピードのある踏み切りをすると進行方向へ移動する力で体軸が斜めになりやすいが、ハーネスを使うことで垂直な軸のまま空中を移動する体感を身につけられるのだ。パトリック・チャン（カナダ）は2010年オフに、ハーネスを使ってスピードのある4回転ジャンプを習得した。

一方で、日本や一部の欧米で行われている練習は、陸上で真っ直ぐ上にジャンプして2～3回転する方法だ。これは、高速回転するための「細くて垂直な軸」を身体に覚えさせるもの。真っ直ぐな軸を空中で作ることを覚えれば、大きくバランスを崩して転倒する確率は低くなり、ジャンプの成功率も上がる。

選手は陸上で、その場で跳び上がって2回転や2回転半するウォーミングアップをして、「細くて垂直な軸」を身体に染み込ませてから氷上練習を始める。氷上と陸上で多少の感覚の違いはあるものの、「垂直な軸」の感覚は染み込んでいるから、軸がブレた時も修正しやすく効率よく成功率を上げていくことができる。そして成功率が高くなったら、スピードを出して踏み切るようにして、飛距離のある質の高いジャンプを目指していく。

つまりハーネス派は「質のいいジャンプ」を習う反面、道具を使う手間もかかるし、氷上でしか練習できない。一方、陸上ジャンプ派はオフアイスの時間でもまめに練習して「成功率の高いジャンプ」をまず身につけて、後から質を磨いていく。どちらが良い悪いではない。大きく分けて2つの潮流があるということを知っておくと、観戦する時により面白くなるはずだ。 ■

基礎点		（2010-11年シーズン）
ダブルアクセル	2A	3.3
3回転トウループ	3T	4.1
3回転サルコウ	3S	4.2
3回転ループ	3Lo	5.1
3回転フリップ	3F	5.3
3回転ルッツ	3Lz	6.0
トリプルアクセル	3A	8.5
4回転トウループ	4T	10.3
4回転サルコウ	4S	10.5
4回転ループ	4Lo	12.0

Elements
JUMP
ジャンプ

ジャンプ6種類

ジャンプは、エッジとトウの使い方によって6種類ある

アクセル

唯一、前向きに踏み切るジャンプ。他のジャンプより半回転多く回る

エレメンツとして認定されるジャンプの中で唯一、前向きに踏み切る。最も難しいジャンプだ。

助走は右足のバックアウトから。振り返って左足フォアアウトに乗り、アウトエッジで踏み切る。踏み切る前に右肩が回り始めてしまうと、上半身を左に巻き込んでしまい体軸がブレるので、踏み切るまで右肩を引いておくことが重要。空中で斜めに傾いてしまう場合のほとんどが、踏み切りで上半身が先に回転してしまっているのが原因だ。

踏み切りでは、左アウトエッジに深く乗るのをきっかけに、前に進んでいたパワーを跳び上がるパワーに変える。エッジに体重をかけるのと、膝を伸ばすタイミングとをつかむことが大切になる。

踏み切った後は、右足を振り上げ、右ももに身体を引き寄せていく。前方にあるロープに抱きつくイメージ。重心が浮かないように、右ももから腰のあたりに身体全体を引き寄せていって空中姿勢を作る。

空中では、右足を軸にして左足を巻きつける。バックスクラッチ(P24)と同じ体軸で、手は右胸のあたりで締めると安定しやすい。

着氷は右足のバックアウト。回転が止まらないと上半身や腰が左に開いてしまうので、両手と左足をしっかり開き、回転を止める。

踏み切るまで
右肩は引いておく
左足フォアアウトで踏み切り

右足バックアウトで着氷

サルコウ

左バックインで踏み切る
回転が始まるまで左足で待つ

③〜④左バックインで助走し、足が「ハの字」になる姿勢で構える。
⑤〜⑥左バックインに深く乗り体重をかける。空中に跳び出るまでは、左の体軸のまま回転を始める。
⑦〜⑩踏み切り後はアクセルと同様。空中で、右の体軸へ重心移動する。

ループ

右バックアウトで踏み切る
エッジに乗り滑りながら上がる

①〜④右バックアウトに深く乗り体重をかけて踏み切る。ももの筋力に頼らずに、十分深いエッジに倒れるまで滑りながら待つことが大切。
⑤〜⑧体軸は右のままなので、踏み切った後、そのまま真っ直ぐ上に上がり空中姿勢を作る。空中で体軸を作る基礎になるジャンプ。

トウループ

右バックアウトに乗り
左足トウを突いて跳ぶ

右バックアウトに乗って構えて、左足トウを後ろに突き、跳び上がった瞬間に右の体軸に移る。トウを突いて氷上にいる間に後ろを振り向いてしまうと、踏み切り前に回転したとして「回転不足」や「アンダーローテーション」に判定されやすいので注意。

左足バックイン

右足バックアウト

右足バックアウト
左足トウ

フリップ

左バック〈イン〉で滑り右トウを突いて跳び上がる

ルッツ

左バック〈アウト〉で滑り右トウを突いて跳び上がる

助走は、右足から左足へ踏み変えるモホークと、左足のままスリーターンするものと2種類(写真はスリーターン)。左バック「イン」で助走し、右トウを滑走しているカーブの延長上に突く。この時、体軸は左のまま。踏み切る前に上半身が回転してしまわないよう、右手はギリギリまで右後ろに引いておく。

踏み切った後は、右背中に入っていくイメージで右軸に重心を移動させ、頭から右足先まで一直線の軸を感じて空中姿勢を作る。ルッツのクセが出て、踏み切る瞬間に「イン→アウト」になってしまうとWrong Edge (e) と判定される。

助走は左バック「アウト」に乗って右回りの軌道を描くが、右トウを突いて跳び上がってからは左回りをする。軌道がS字になるため難度が高い。

上半身は、トウを突くまで右にひねって待つ。無理に回転させようとして上半身が回ってしまうと、軸が左にブレてしまう。

右トウを突いた後、左足は氷を離れる瞬間まで「アウト」に乗っておくことが最も重要なポイント。トウを突いた直後に、左エッジが「アウト→イン」となってしまうと、Wrong Edge (e) と判定される。

※e…間違いエッジ、または不明確エッジ

COLUMN

ジャンプは質か回転数か？

**フィギュアスケートの試合で、大きなウエイトを占めるのがジャンプ。
その計画と戦略が勝敗を分けることも少なくない。
ではどんなジャンプが勝利につながるのか。
選手やコーチ側の視点で、作戦を考えてみよう。**

まずは高い基礎点を！「４回転」「３＋３」「３アクセル」

まず取り組むのは、「基礎点が高いジャンプ」の習得だ。世界の表彰台を目指すには、トップ選手だけが跳べる大技が必要になってくる。

男子の場合、「トリプルアクセル（３アクセル）２本、４回転ジャンプ１本」がトップ入りへのカード。本田武史が2003年四大陸選手権のフリースケーティング（FS）で４回転を３本成功させたのは、今なお日本男子の金字塔だ。

一方、女子にとって武器となるのは「2つ目が3回転の連続ジャンプ」。バンクーバーオリンピックでは、キム・ヨナが「３ルッツ＋３トウループ」を得意としていた。ソチオリンピックでは、トップ入りの必須要素になるだろう。また3アクセルを持つのは、現役選手では浅田真央のみ。14歳のエリザベータ・タクタミシェワ（ロシア）も練習で成功させている。

注意すべきは回転不足

しかし、高回転のジャンプは、回転不足のリスクも高い。90度以上不足は「アンダーローテーション」として７割の基礎点に、180度以上不足は「ダウングレード」として１回転少ない基礎点になる。３アクセルは基礎点8.5点だが、アンダーローテーションは6.0点、ダウングレードは3.3点だ。大技に挑むか回避すべきか、選手は直前まで悩むことになる。

2010年全日本選手権では、ジャンプの調子が不安定だった浅田が３アクセルに挑むかが話題になった。佐藤信夫コーチは「今の成功率なら跳ばないのが定石。でも跳ぶなと言うと選手のやる気を削いでしまう可能性もある。難しい」と悩んだ。判断を任された浅田は本番直前まで考え、「挑戦する」と決意。卓越した集中力で見事に成功させた。

ジャンプの質「GOE」が勝敗分ける

ジャンプの「基礎点」と同じく、勝敗を分ける点差につながるのはジャンプの「出来栄え（Grade of Execution/GOE）」だ。審判は、ジャンプの「質」を見極め「±３」の評価をする。

助走のスピードがあって、大きな弧を描いて雄大に跳び、着氷後もスーッと流れるようなジャンプには、プラスが付く。一方で、助走の構えている時間が長かったり、着氷でバランスを崩すとマイナスされる（P60参照）。そのためジャンプの「質」を高めてプラス点を重ねていくことが勝利につながる。

真央とヨナ、史上最高の技術対決

「GOEのプラス」を求めるか「高い基礎点」を狙うか、その作戦は分かれる。バンクーバーオリンピックで注目されたのは、浅田とキム・ヨナの対決だった。「基礎点」の面では、浅田は「3アクセル」、キムは「2つ目が3回転の連続ジャンプ」が武器。FSで浅田は3アクセル2本を成功し、キムも大技を2本成功。明暗を大きく分けたのは「質」だった。7つのジャンプで得たプラス点は、浅田が「＋2.72点」、キムが「＋12点」と、キムの「質」に軍配が上がる結果に。いずれにしても女子としては史上最高の技術力がぶつかり合う名勝負だった。

当時を振り返って浅田は「オリンピックの時にはジャンプが昔（05年頃）と違うと感じていましたが、フォームはすぐに直せないのでこのまま行くしかない、だから3アクセルを3本決めようと思いました」と当時の作戦を語る。

一方のヨナは、最初は3アクセルに焦がれた少女だった。「真央と同じ3アクセルを私も」と、現役時代に3アクセルが得意だったブライアン・オーサーに06年秋から師事。しかしヨナの特性を見極めたオーサーは、「スピードのある質の高いジャンプでGOEを稼いだ方が高得点になる」とヨナを説得し、質を極める作戦を徹底、バンクーバーに挑んだのだ。

浅田真央（2011年四大陸選手権）©M.Sugawara / Japan Sports

オリンピック翌シーズン、浅田は「もっと強い自分を目指したい」と、ジャンプの質を上げるためにジャンプフォームの修正に取り組んだ。長年のクセを修正するのは並大抵の作業ではない。シーズン前半の試合では、3アクセルが半回転や1回転半になった。それでも焦らずに自分と向き合い、2011年四大陸選手権で、スピードと飛距離のある素晴らしい3アクセルを成功。GOEは「＋1.29」で、ジャッジの1人は「＋3」を付けた。それは浅田のジャンプが最高の質に磨き上げられた証明だった。

ジャンプには、様々なドラマが詰め込まれている。大技の成功ばかりに注目していると見えてこない作戦に、努力や葛藤が隠されているのだ。■

長洲未来
(2010年バンクーバーオリンピック)
©M.Sugawara / Japan Sports

SPIN スピンの美学は「体軸」にあり

氷の上でクルクルと回転し、演技に華を添えるスピン。
陸上では体現できない、スピンならではの理論と
美のテクニックについて紹介しよう。

なぜ回る？ なぜ加速する？

スピンは、渦巻状に滑りながら「大きな円」→「小さな円」→「1点」とパワーを1点に集めることで回転力を作り出す仕組みだ。①まず大きな円の軌道から滑り始め、②エッジを深く倒すことでだんだん円を小さくして中心に向かって行き、③前向きから後ろ向きへのターンをきっかけに身体の軸を作り、円の上を滑っていたパワーを回転力に変える(図1)。

また途中から回転速度が上がるのも、

回転が始まるのと同じ理論だ。手やフリーレッグを広げている時は回転する身体の半径が太いが、手や足を身体に引き寄せて身体を細くしていくと、パワーが中心に集まって回転速度が上がる（図2）。

角運動量保存の法則

◆角運動量（一定）＝回転速度×質量（一定）×半径^2

スピンの回転は「角運動量保存の法則」でも説明できる。氷との摩擦を0と考えれば回転が始まってからの角運動量は一定、また質量は手足の重さだから一定。回転が始まる時は、手足を伸ばし「半径」を大きくすることで「回転速度」を遅くし、体軸を探す。そのあと手足を体軸に引き寄せて「半径」を短くすると「回転速度」が上がり高速スピンになる。

図1 スピンの回りはじめ

図2 スピンが加速する理由

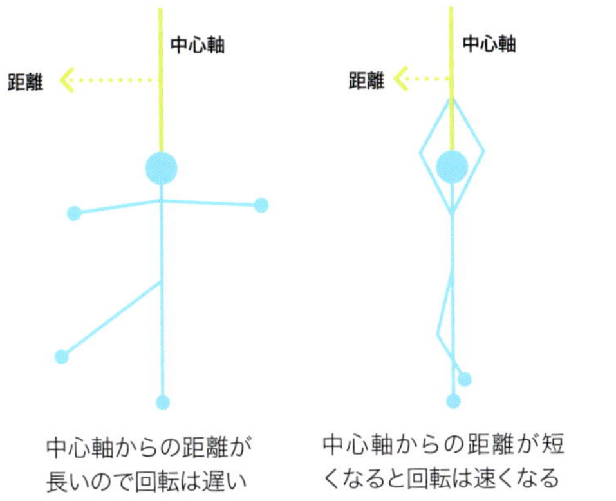

右軸、左軸って何？

フィギュアスケートの様々な動きには、「体軸」が重要となる。「体軸」とは、頭から、胸・腹・腰・足元などの重心を一直線に貫くもので、運動の中心となる仮想の軸のこと。スピンで使う体軸は、「右軸」と「左軸」だ。お尻の筋肉が緩んで腰が引けていたり、胸部の筋肉が使えずに胸が開いていたりすると、身体の重心が安定しないため回転動作の妨げになる。レイバックやキャメルのように、頭や足が外に出ているスピンでも、足元から天井へと伸びる体軸が中心にあり、頭や足で前後左右のバランスを取っている。

スピンの美しいポジションは、すべてこの「体軸」が整っているかどうか。天井から地球の中心へと伸びていくような美しい体軸が目に浮かぶスピンこそが、究極の美といえる。■

Elements
SPIN
スピン

基本姿勢 ❶

アップライトスピン

スケーティングレッグ（氷に着いている足）が伸びているスピン

クロスフット

一番基礎となる左軸のスタンドスピン。左バックインのエッジに乗ってバランスを取り、体軸が定まったら右足をクロスさせて高速回転する。

バックスクラッチ

ジャンプと同じ右軸で回るスピン。右バックアウトに乗り、体軸が定まったら左足をクロスさせる。ジャンプの空中姿勢と同じ体軸のため、ジャンプ練習でも行う。

トンプソン

バックスクラッチと同じ「右バックアウト」に乗ってから、左足を後ろに入れる。上半身が左に引っ張られないよう、右軸に固定する。

レイバック トンプソン

ステファン・ランビエルが得意とする姿勢。下半身を右バックアウトに固定したまま反り返るのは非常に難しい。

I字

シットスピンの姿勢でフリーレッグのつま先を持ち、そのまま真っ直ぐ立ち上がる。軸足の膝を伸ばし、また180度に近い開脚になるほど美しい。

Y字

シットやアップライト姿勢から、フリーレッグのかかとを持ち横に広げるようにする。上半身はやや斜め後ろに反らして、ダイナミックに見せる。

基本姿勢 ❷

シットスピン

スケーティングレッグのももを氷面と平行よりも曲げてしゃがむ

シットスピン

アップライトスピンと同様、左軸足の場合はバックイン、右軸足の場合はバックアウトに乗る。スケーティングレッグのももが少なくとも氷面に平行となるのが条件。フリーレッグは膝が外向きで、つま先まで伸びている姿勢が美しい。

パンケーキ

あぐらをかくように、フリーレッグを膝の上に乗せたもの。膝の下に入れると(下)リザーブパンケーキとも言う。

キャノンボール

フリーレッグを伸ばして手で持ち、上半身をぴったりとかぶせた姿勢。大砲のような形になる。

ブロークン（右軸）

右軸のシットスピンから、左足のフリーレッグを曲げて右の外側に出した姿勢。ステファン・ランビエルが得意とするシットスピン。上半身を真左までひねり、左足はなるべく右側にしっかりと曲げることで、写真のような美しいバランスが生まれる

ブロークン（左軸）

左軸のシットスピンから、右足のフリーレッグを外に出したもの。重心が右にブレやすいが、しっかり上半身を左にひねり左足の上に重心を固定すると、回転速度が落ちず美しい。

基本のキャメル

横から見たときに綺麗なT字になり、フリーレッグがまっすぐ後ろに伸びた姿勢がベストポジション。軸足とフリーレッグともにしっかり伸ばし切り、顔は上げ、フリーレッグを外転させてつま先を外（横）に向けると、さらに美しい。スケーティングレッグの股関節に重心を固定して前後左右のバランスを取れれば回転速度が落ちない。

上向きキャメル

通常のキャメルスピンから、股関節をぐるっとまわして上半身を上向きにしたポジション。軸足のお尻と腰でしっかりと重心を固定することが大切。フリーレッグの膝が曲がらないよう、つま先まで伸ばすと上半身が一直線になり美しい。

基本姿勢 ❸

キャメルスピン

フリーレッグが後方にあり、膝がヒップより高くなる

ドーナツ

キャメルスピンのフリーレッグを逆手で持ち、上から見た時に身体が円形になるもの。上半身は横向きにひねって外側を向き、反り返って足をつかむ。上側に来る手を、上げたり下げたりすることで多彩な表現も可能になる。女子に多いが、髙橋大輔も挑戦している。

Elements
SPIN
スピン

レイバックスピン

アップライト姿勢のひとつで、上半身を反らしたもの

背中や腰だけでなく、足・尻・腰・背中・頭が大きなカーブを描くように反らす。恐怖感で硬くならずに、股関節に意識を集中して重心を固めて、上半身の力は抜くと、美しい柔らかさが生まれる。フリーレッグの膝を曲げて靴が少し上がった状態が美しい。

手のアレンジ

①手を頭上で合わせて、②クロスして、③そして胸元に引き寄せる、といった具合に手でヴァリエーションを作ることで音楽性や感情表現につなげることができる。

足の引き寄せ

フリーレッグを降ろして身体に引き寄せると、P30の姿勢に比べて回転速度が上がる。ラウラ・レピストはこの回転速度の変化でスピンに華を添えるのが上手い。

足持ち

レイバック姿勢のまま両手で足を持つ。頭をさらに下げると、キャロライン・ジャンが得意とするパールスピンになる。

キャッチフット

キャメルスピンの姿勢から、ドーナツスピンと同じ要領で逆手（フリーレッグと反対側の手）でフリーレッグを持ち、上に持ち上げる。空いている方の手を前に出すと、身体が大きく見えてダイナミックになる。顔は前を向いて表情を見せるとなお良い。さらに足を持ち上げてビールマンに近い姿勢にもっていくアレンジもある。基本姿勢3つのうちレイバックスピンに含まれる。

ビールマン

レイバックスピンから、フリーレッグを順手（フリーレッグと同じ側の手）でつかんで持ち上げ、靴が頭上に来るくらいまで前方に持ってきた姿勢。足は180度に近い開脚をし、上半身もなるべく起こすと、写真のように上半身とフリーレッグが近づいたビールマン姿勢になる。元祖のデニス・ビールマンの姿勢に非常に近い、理想的なポジション。

COLUMN

チェンジエッジってなに？

スピンでは多彩な姿勢に目が行くが、
地味で分かりにくい「チェンジエッジ」も立派なヴァリエーションのひとつ。
実はほとんどの選手が取り入れている技術だ。

スピンは、便宜上「1点」で回っていると言うが、実際には「小さな円」を描いていると言うのが正しい。インとアウトどちらかのエッジに乗って、極めて小さな円を何周もしている状態なのだ。

右足スピンの場合、基本形はアウトエッジに乗り後ろ滑走で小さな円を描く「バックアウト」スピン。チェンジエッジすると、インエッジに乗り前方向に小さな円を描く「フォアイン」スピンになる。同様に左足は「バックイン」→「フォアアウト」があるので、スピンの回転軸は4種類ある。

見分け方は、1点で安定して回っていたスピンが、少し大きめの円をクルクルと描いているように見えた時がチェンジエッジだ。チェンジエッジは、明確にエッジと回転方向が変化していないとカウントされないため、なるべく大きめの円を描こうとする余り、一見すると回転速度が落ちて軸がブレているように見える。そのためスピンならではの美しさが落ちてしまうのが難点だ。多くの選手がレベル獲得のために乱用する傾向があったため、10-11年シーズンからはレベル獲得条件では1回のみカウントすることになった。■

スピンは練習量がすべて

スピンは「練習量がすべて」とよく言われる。なぜなら、美しいスピンのための技術は「体軸」と「エッジのスイートポイント」を手に入れる２点に集約されるからだ。運動センスや筋肉量より、コツを見つける反復練習が大切となる。

Ｐ23でも紹介したとおり、スピンで最も重要なのは「体軸」。いったん「体軸」を見つけると、身体の重心の置き場所が安定するので筋力を使って姿勢を保つ必要がなくなる。たとえばレイバックスピンなどは、無理に力を入れて反っているように見えるが、実際は股関節に乗って「体軸」さえ作れば、頭やフリーレッグは遠心力に任せてリラックスしている状態になる。シットスピンも、片足の筋肉で全体重を支えるスクワットをしているわけではなく、フリーレッグとお尻が遠心力で前後に引っ張られて足にかかる重さは軽くなるため、そのバランスを取るだけで姿勢を維持できる。

また足の裏のどこを「体軸」が通るかも重要だ。ブレードには、母指丘のあたりに少しカーブがきつくなっている１点があり、氷との接触面積が最小になる。ここがスピンが最も回りやすい「スイートポイント」などと呼ばれ、「スイートポイント」に安定して乗ることで摩擦が減り、回転速度の落ちない美しいスピンが生まれる。

スピンは練習量が大切だということは、大人のスケーターを見るとよく分かる。28歳以上72歳以下で構成される「国際スケート連盟アダルト選手権」は、大人になってからスケートを始めた選手による大会。ジャンプは高年齢になるほど難しく多くの選手が１回転ジャンプだが、スピンは年を追うごとに軸が安定していく。70歳のおじいさんが高速バックスクラッチを披露したり、60代女子のカテゴリーでは、全選手がキャメルスピンとシットスピンを披露するなど、その技術力は圧巻。努力は必ず報われる――それがスピンのもうひとつの美学だ。　■

©Yoshie Noguchi

©Yoshie Noguchi

上、右とも：アダルト選手の見事なスピン

ミハル・ブレジナ
（2009年ヨーロッパ選手権）
©N.Tanaka / Japan Sports

STEP
ステップの美学は 8つのエッジの乗り分けにあり

**プログラムの見せ場ともなるステップシークエンス。
ステップとターンが詰め込まれたフィギュアスケートの宝箱だ。**

「ターン」6種と「ステップ」7種

一連の足さばきを総称してステップシークエンス（ステップ）と呼ぶが、正確には、片足で方向転換するものが「ターン」、そのほかの動きは「ステップ」だ。ステップシークエンスの中でレベル認定のためにカウントされる「ターン」は、スリーターン、ツイズル、ブラケット、ループ、カウンター、ロッカーの6種類、「ステップ」はトウステップ、シャッセ、モホーク、チョクトウ、チェンジエッジ、クロスロール、ランニングステップの7種類がある。その他にも多種多様な足さばきの技があるが、それらは演技の「つなぎ（P98）」として考えられる。

エッジは前後左右で8種類

ステップやターンを見分けるには、まず「エッジ」について知らなければならない（P62）。フィギュアスケートのブレード（刃）は、厚さ約2ミリの「2枚刃」になっている。そのため氷と接触するのは、右アウト、右イン、左イン、左アウトの4つ。さらに前後の進行方向によってブレードの乗る部分が変わるため、全部で8種類のエッジに乗ることになる。

この8つのエッジを組み合わせてつないでいくのが、ターンやステップ。そのためターンやステップの巧みさを「エッジワーク」と呼ぶことが多い。

ステップシークエンスの新ルール

ステップシークエンスの軌道には3種類がある。リンクの長辺（60m）を進む「ストレートラインステップ」、大きな円を描く「サーキュラーステップ」、リンク全体を使い波のような軌道を描く「サーペンタインステップ」だ。

バンクーバーオリンピック後、ルール改正によりステップシークエンスはレベル1～4の評価を受ける「レベルステップ」とレベル評価のない「コレオステップ」の2つになった。レベルステップはP 59で示した通り、レベルを上げるために行わなければならないステップやターンの条件がある。コレオステップは自由に曲を表現することが求められる。■

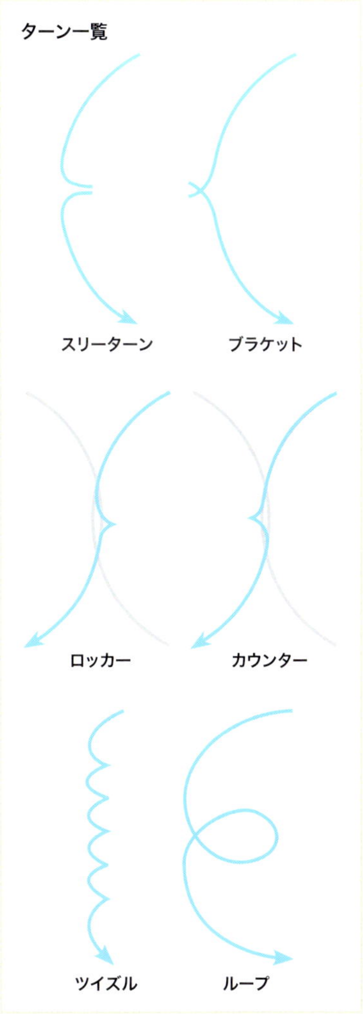

Elements
TURN
ターン

スリーターン

軌道が「3」の字になる基本のターン

左フォアアウトの場合

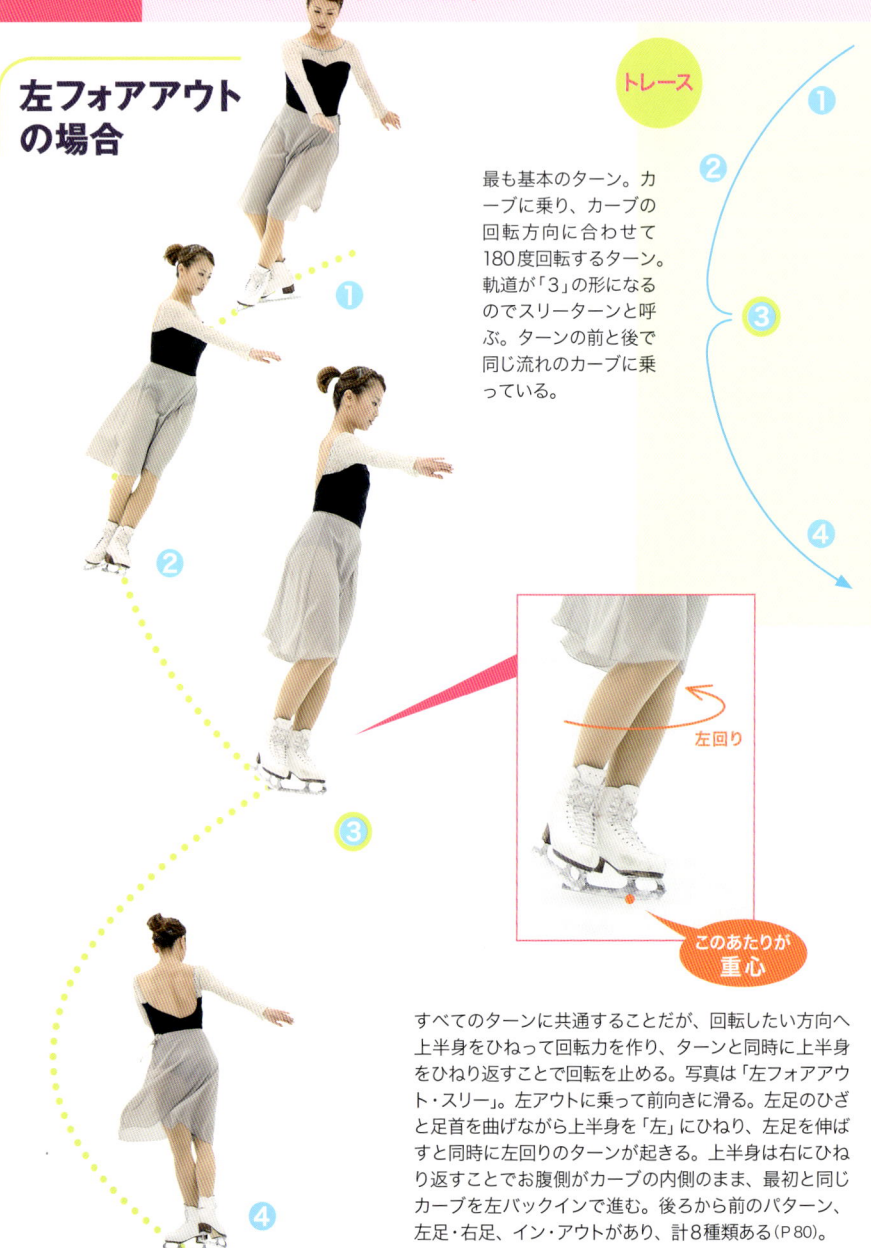

トレース

最も基本のターン。カーブに乗り、カーブの回転方向に合わせて180度回転するターン。軌道が「3」の形になるのでスリーターンと呼ぶ。ターンの前と後で同じ流れのカーブに乗っている。

すべてのターンに共通することだが、回転したい方向へ上半身をひねって回転力を作り、ターンと同時に上半身をひねり返すことで回転を止める。写真は「左フォアアウト・スリー」。左アウトに乗って前向きに滑る。左足のひざと足首を曲げながら上半身を「左」にひねり、左足を伸ばすと同時に左回りのターンが起きる。上半身は右にひねり返すことでお腹側がカーブの内側のまま、最初と同じカーブを左バックインで進む。後ろから前のパターン、左足・右足、イン・アウトがあり、計8種類ある(P80)。

ブラケット

進行方向と逆にターンし、もとのカーブに乗る

トレース

ターンの前と後で同じカーブに乗っている点ではスリーターンと同じだが、ひねりを逆にすることで、身体の回転方向が逆になる。軌道が、記号のブラケット「{」の形に似ている。

左フォアアウトの場合

滑走しているカーブと逆回転をするため、スリーターンよりも強い「ひねり」と「ひねり返し」が必要になる。写真は「左フォアアウト・ブラケット」。左アウトで前に滑り、左足のひざと足首を柔らかく使いながら上半身を「右」に強くひねる、左足を伸ばすと同時に右回りのターンが起きる。上半身を強く「左」にひねり返すことで両肩はカーブの外側向きに固定されたまま、最初と同じカーブを左バックインで進む。同じく8種類ある。

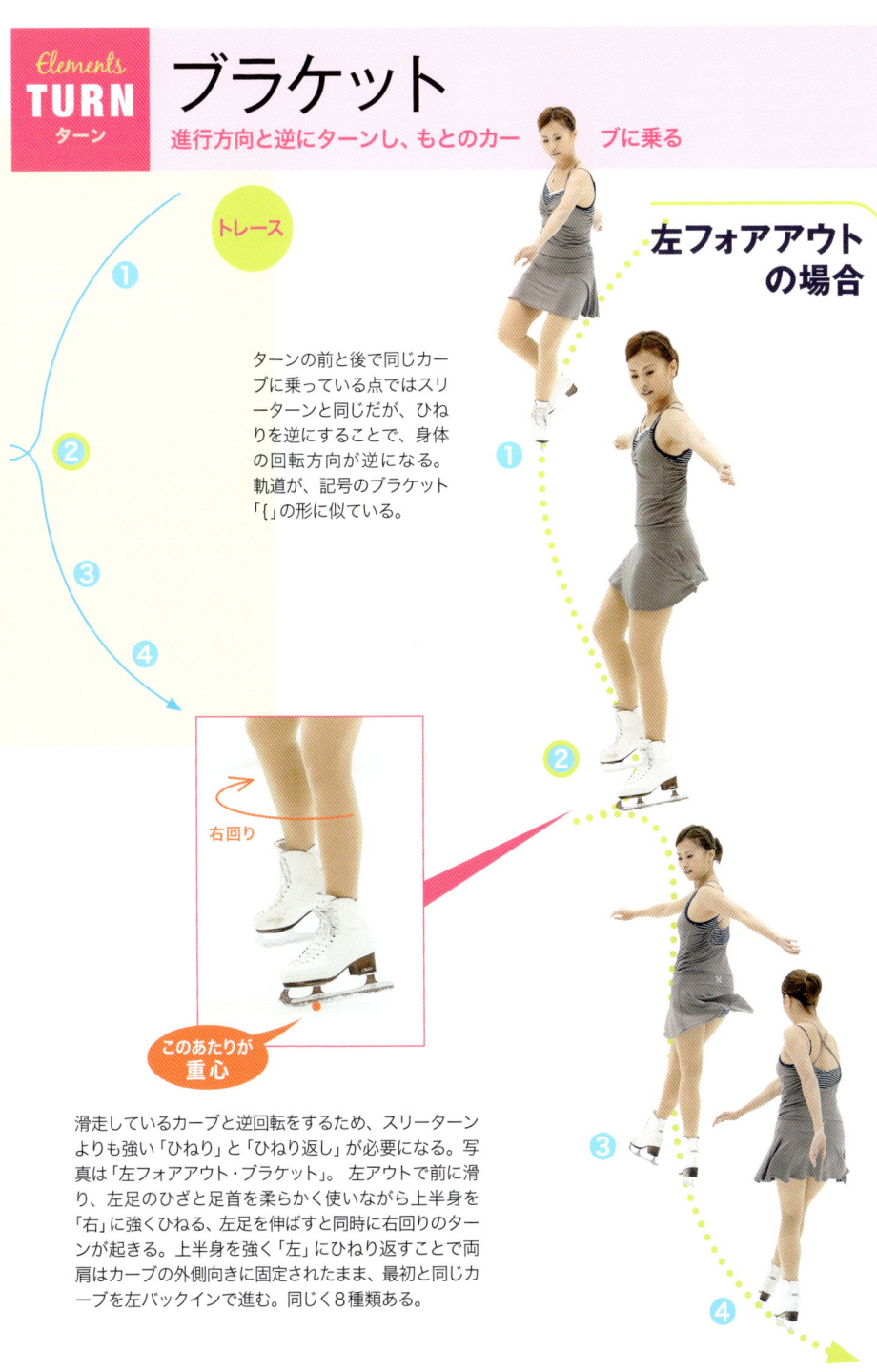

Elements
TURN
ターン

ロッカー

進行方向に合わせてターンし、逆回りのカーブに乗る

トレース

ターンの前と後で、逆方向のカーブに乗り「S字」を描く。スリーターンと同じく、ターンの前に乗っているカーブと同じ方向に身体を回転させるが、ターンの後は進行方向を変える。

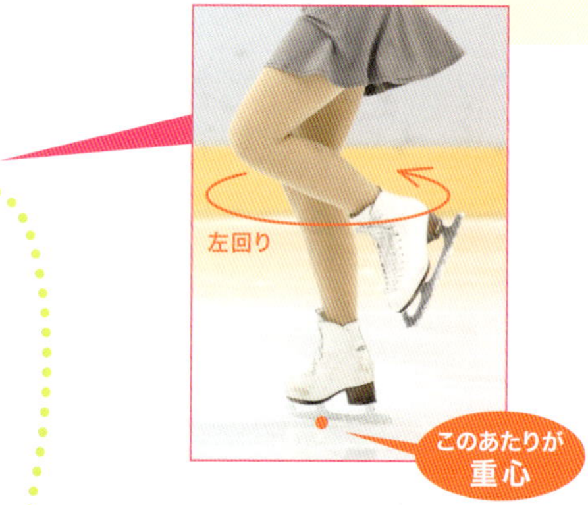

ロッカーは、スリーターンとチェンジエッジを同時に行う技。スリーターンした後にチェンジエッジすると認定されない。写真は「右フォアイン・ロッカー」。右インに乗って前に滑り、ひざと足首を曲げて、スリーターンと同じ「左」に上半身を強くひねる、右足を伸ばすと同時に「左回り」のターンをする。ターンと同時に上半身は「右」にひねり返し、両肩を固定したまま、右インで後ろに滑る。

Elements
TURN
ターン

カウンター

進行方向と逆回りのターンをし、逆回りのカーブに乗る

「S字」を描くのはロッカーと同じだが、ブラケットと同じく、ターンの前に乗っているカーブと逆方向に身体を回転させる。

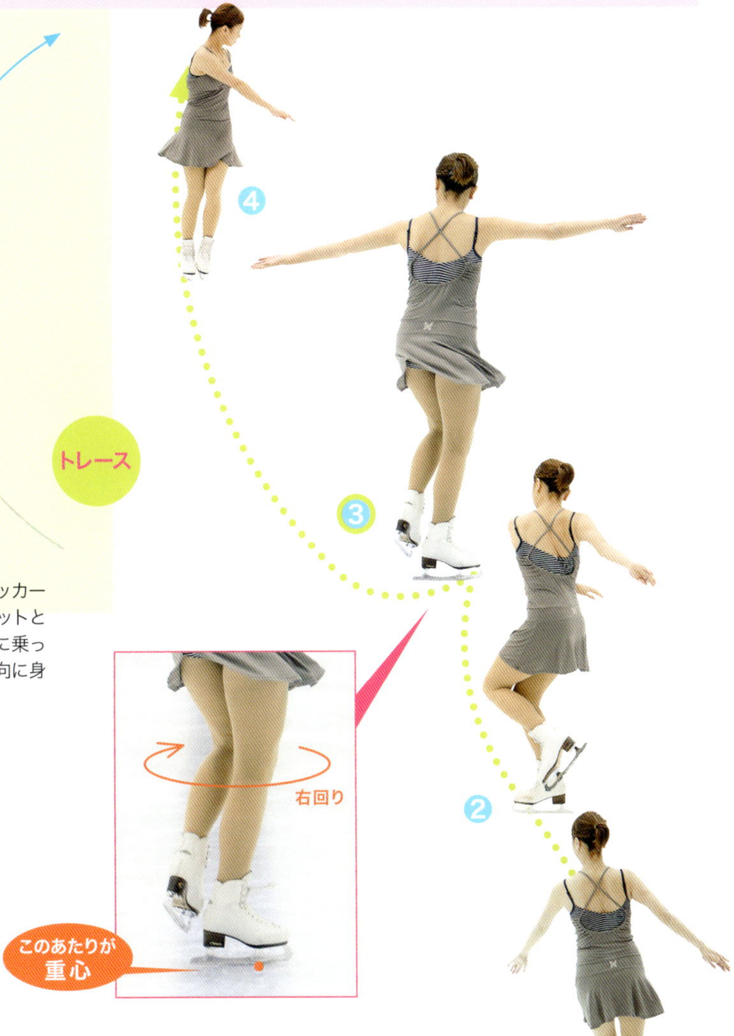

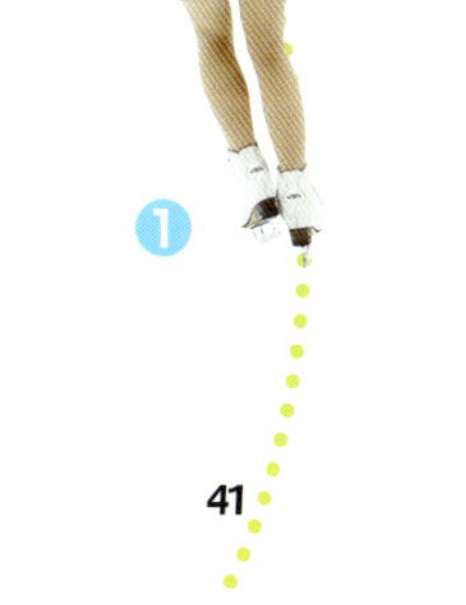

カウンターは、ブラケットとチェンジエッジを同時に行う技。ブラケットした後にチェンジエッジすると認定されない。写真は「右フォアイン・カウンター」。右インに乗って前に滑り、膝と足首を曲げて、ブラケットと同じ「右」に上半身を強くひねる。右足を伸ばすと同時に「右回り」のターンをする。ターンと同時に上半身は「左」にひねり返し、両肩を固定したまま、右インで後ろに滑る。

Elements
TURN
ターン

ツイズル

膝を曲げずに、エッジの使い分けで回転しながら進む

右軸回転

トレース

写真は右フォアインのツイズル。右足が回転軸となるので、左足は膝横にぴったり付けて体軸を細くして回転する。回転が始まったら右足も伸ばして、重心は持ち上げたまま回転していく。

左軸回転

トレース

写真は左フォアアウトのツイズル。ターンの間が空いたり、重心がいったん落ちると、「ダブルスリー」に見られるので、手を上げて重心を上げるとやりやすいと感じる選手もいる。

応用例

ツイズルで手を上げると、華やかさを演出することができる。多くのアイスダンサーは、フリーレッグを曲げて手でつかむなど、応用したポジションを練習している。スピンのように体軸を作って一気に回転するため、足元・頭・頭上の手先までが一直線になる姿勢が大切。

バックスリー

進行方向を後ろから前へ変えるスリーターン

右バックアウトの場合

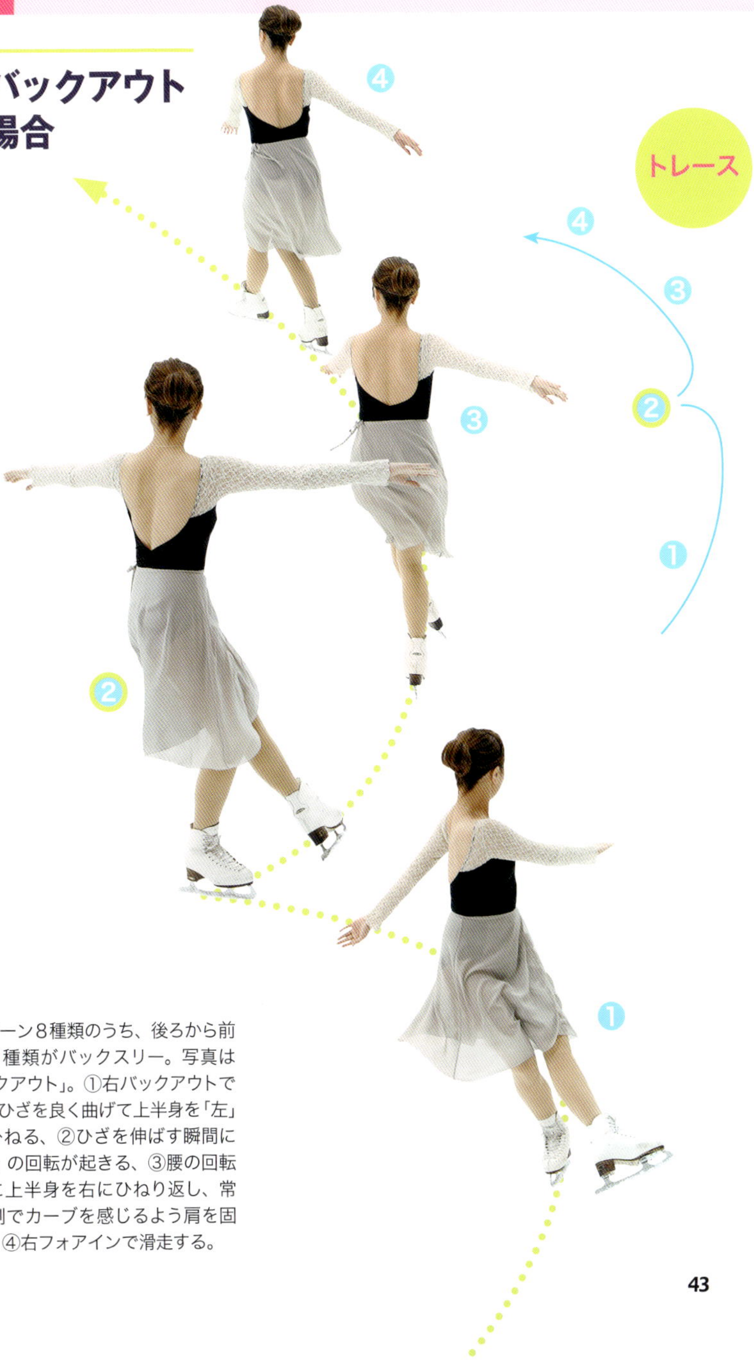

スリーターン８種類のうち、後ろから前を向く４種類がバックスリー。写真は「右バックアウト」。①右バックアウトで滑走し、ひざを良く曲げて上半身を「左」に強くひねる、②ひざを伸ばす瞬間に「左回り」の回転が起きる、③腰の回転と同時に上半身を右にひねり返し、常に背中側でカーブを感じるよう肩を固定する、④右フォアインで滑走する。

Elements
TURN
ターン

ループ

通称・NTTマーク。大きなカーブの中に小さな円を描く。

フォア

①②左フォアアウトで徐々にエッジを深く倒しながら、フリーレッグを前へ。③④⑤傾斜で身体が回転し始めたら、上半身が内側に回りこまないよう重心を微調整。⑥フリーレッグを前に置き、左フォアアウトで円から出る。

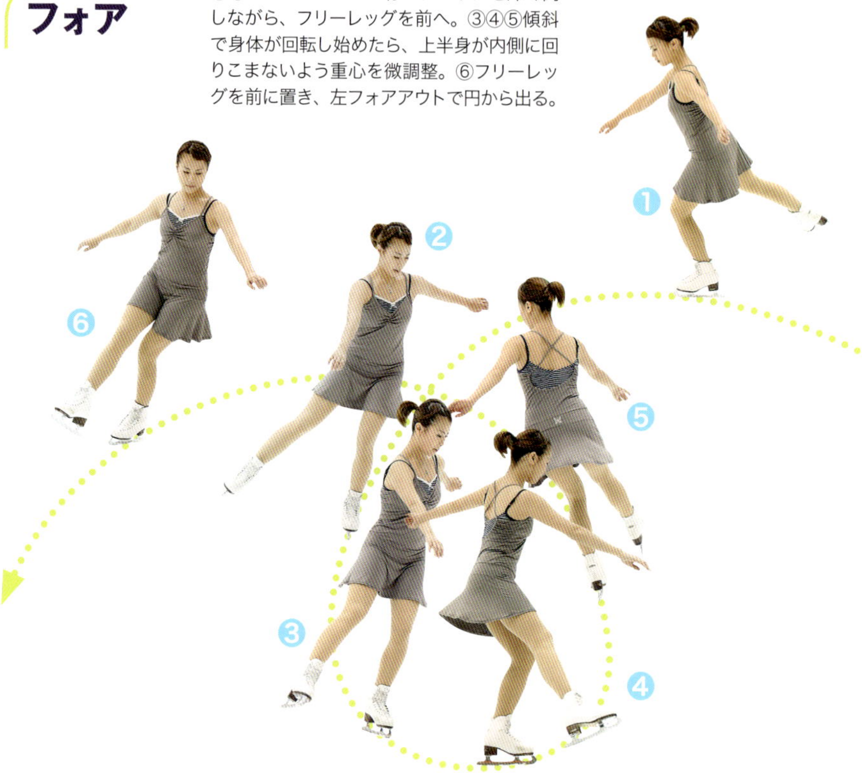

バック

フォアと同様に、エッジの深さと乗る重心位置を微調整しながら、大きなカーブの中に小さな円を描く。①右バックアウトに乗り、徐々にエッジを深くし小さな円を描く。②③身体が回りこまないよう重心を微調整。右手前、左手後ろ、フリーレッグは半周すぎで後ろへ引く。

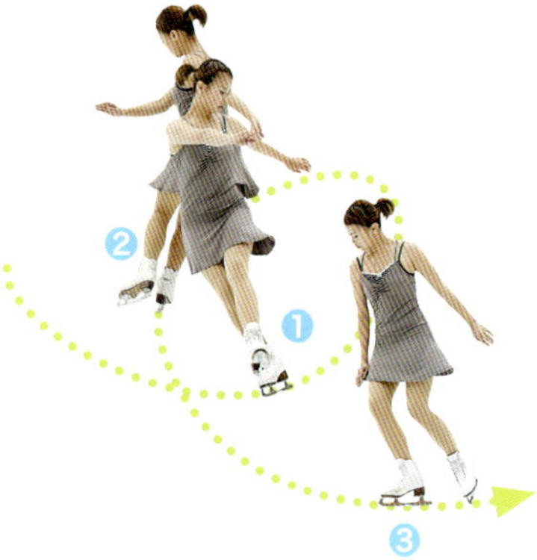

COLUMN

ワンフットステップ～卓越したエッジワーク～

　ターンやチェンジエッジなど片足のみでフットワークを続けていくものを「ワンフットステップ」と呼ぶ。1度でもターンでバランスを崩してはならない、不正確なエッジだと流れが止まってしまい続かない、加速するには深いエッジに乗らなければならない（P82）など、高度なエッジワークを求められる技だ。

2010年からワンフットが復活

　新採点方式になってから、ステップシークエンスは演技の見せ場として大切な要素になった。その一方で、派手さを求めて上半身ばかり動いたり、トウステップを多様して勢いをつけたりする選手も見られるようになり、本来の「エッジワークの巧みさ」を見せる選手が減りつつあった。そのためISUは2010-11年シーズンから、ステップシークエンスのレベル獲得の項目の1つに「少なくともシークエンスの半分を片足のみで行う」というものを追加。足元の正確さを高く評価するルール改正を行った。

浅田真央、ブレジナらが披露

　ルール改正を受けてワンフットを取り入れても、エッジワークが十分でないと、勢いがなく小さく縮こまった印象になってしまう。高い評価を得たのは、浅田真央、パトリック・チャン、ミハル・ブレジナら。ブレジナはフリーで、ストレートラインの3/4まで進む卓越したワンフットで技術力をアピール。ツイズルやロッカーターン、チェンジエッジなど19個のフットワークを自然につなげている。

デイヴィッド・リュウの流れる足元

　美しいワンフットステップの元祖といえば、デイヴィッド・リュウ（台湾）だ。片足でリンクの端から端（60m）まで行くストレートラインステップは彼の得意技だった。バレエ的なセンスを生かした上半身の動きと巧みなエッジワークが呼応し、スケート本来の美しさが引き立つ。川面に浮く木の葉が自然に下流へ流れていくような動きだった。ジャンプが不安定だったために92年のオリンピック17位が最高位。だがその順位とは比較にならないほどの足さばきは今でも必見だ。■

デイヴィッド・リュウのワンフットステップ
© M.Sugawara / Japan Sports

Elements
STEP
ステップ

モホーク

足を踏み換えて方向転換

オープンモホーク

モホークは、足を踏み換えて方向転換する最も基本的なステップ。「イン–イン」または「アウト–アウト」に乗ることで、前後で同じカーブに乗る。

写真は「右インサイド・オープンモホーク」。右フォアインのスリーターンと同じく、お腹をカーブの内側に向ける方向へターンする。①〜③右インで前に進み、つま先を180度外側に向けた左足を、右足の前に近づけていく。乗っているカーブの内側に上半身も自然に向いていく。④左足を右足の前に置き、両足とも「イン–イン」の状態に。⑤瞬間的に左足に体重を乗せ換え、左足インで後ろに進む。右足は後ろに引いて綺麗に伸ばし、上半身も後ろ向きになる。

クローズドモホーク

クローズドモホークは上半身の回転を止めるためオープンに比べるとはるかに難しい。「イン–イン」と「アウト–アウト」がある。

写真は「右インサイド・クローズドモホーク」。①〜③右インで前に進み、つま先を180度外側に向けた左足を、右足の「後ろ」に近づけていく。カーブの内側に上半身が回ってしまわないよう、右手を後ろに引いて回転を抑える。④右足のかかとに左足のかかとを付けるイメージで、足を置く。右手を引いて、上半身は右後ろにひねったまま。⑤瞬間的に体重を右フォアインから左バックインに乗せ換え、後ろに進む。右足は前に綺麗に伸ばし、上半身は回転し切らずに後ろにひねったまま止める（身体を閉じる）。

Elements STEP ステップ

シャッセ

足踏みをするように踏み換える

シャッセ

バックシャッセ

足踏みするように見えるステップ。同じカーブの上に、左右の足を交互に置いて足踏みする。方向転換せずに、音楽に合わせて軽やかに入れると、ちょっとしたアクセントになる。上は「右フォアアウトのシャッセ」、下は「右バックアウトのシャッセ」。

足を踏み換える時に、浮いた方の足を真上に軽く引き上げ、スケーティングレッグから離さない。再びそのまま下に降ろす。

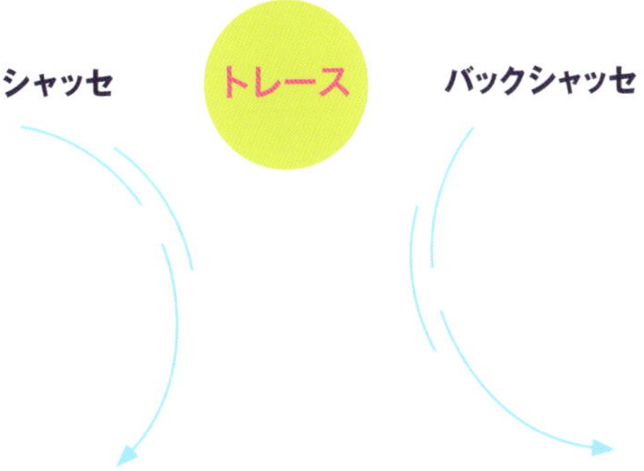

Elements
STEP
ステップ

チョクトウ

足を踏み換えて異なるカーブに乗る

キリアンチョクトウ

①左フォアインに乗り、右足はつま先を外に開いたまま、前に伸ばす。②左フォアインに乗りながら、右足を近づけていく、③右足のつま先を 180 度外に向けた状態で、左足の前に置く。左フォアイン→右バックアウト。④瞬間的に体重を右足に置き換え、左足は右足の後ろにくっ付けておく、⑤左足を、再び右足の後ろに差し込み、瞬間的に置く。右バックアウト→左フォアイン。⑥右足を前に伸ばす。

ブルースチョクトウ

モホークは同じエッジで踏み換えるが、チョクトウは「イン-アウト」「アウト-イン」と踏み換え、異なる方向のカーブに乗る。
足を踏み換えても上半身が回らないように、しっかり上半身をひねり、ひねり返す回転を止める。右足と左足は異なるカーブに乗るため。

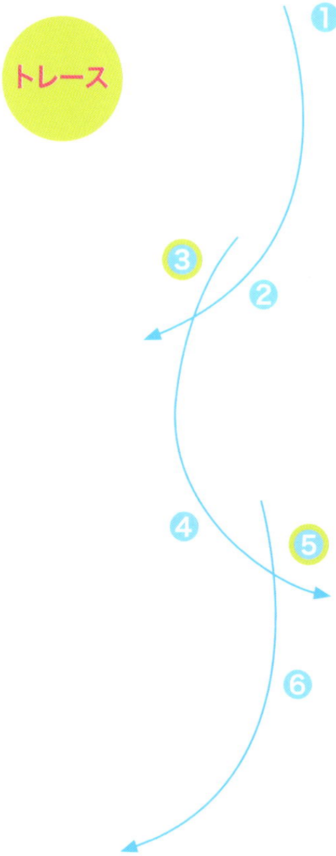

①右フォアインに乗り、②左手を後ろに強く引き、上半身の回転を抑えておく、③左足のつま先を180度外側に向け、右足のかかとに近づけていく、④左足を右足のうしろに交差させ、瞬間的に体重移動する。右フォアイン→左バックアウト。上半身を強く右にひねり、逆のカーブに乗る。⑤背中側にカーブを感じながら、左アウトで後ろに進む。右足は前に伸ばす。

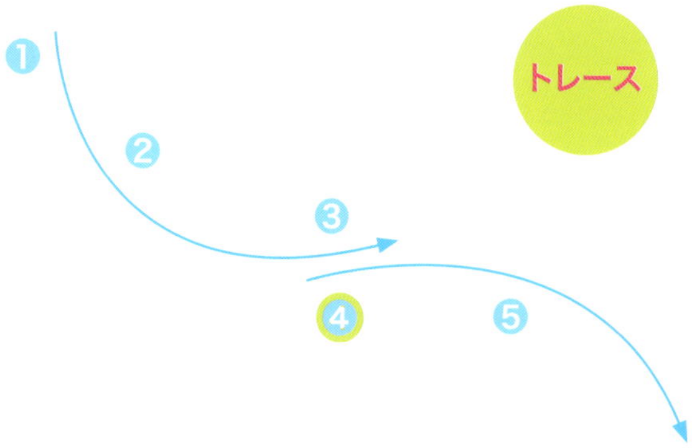

Elements
STEP
ステップ

トウステップ・ヴァリエーション

つま先（トウ）を使ったステップの総称。音楽表現に欠かせない。

1回転

フリーレッグ（左足）のトウをついて振り向き、右トウ、左トウと突いて回転する。重心は真ん中のままブレないように、軽やかに回転。

後ろに進む

フリーレッグ（左足）を後ろに引いて、遠くにトウを突く。身体を左足に近づけていき、右トウを足を揃えるくらいの位置に突く。重心が下から上へと移動する。

その場でトウステップ

つま先をツツツと突いて踊る。バレエのパ・ド・ブーレの動きに似ており、「白鳥の湖」などで使うと効果的。

4回転連続トウステップ

体軸が左―右―左と移動する感覚を、バレエの「シェネ」を練習しておくと分かりやすい。①左トウで立ったらスタート。フリーレッグ(右足)のつま先を外側を回すようにして、身体が半回転した所で右トウを突く、②上半身を勢いで半回転させ左トウを突いたら2回転目がスタート。以下同様に、③3回転目、④4回転目。半回転後に右トウを突いてフィニッシュ。

重心を上から下へ

全身を伸ばして右トウで立ち、重心を移動。身体の力を抜いて、重心を下に落とす。重心の上下移動で音楽の強弱などを表現。

Stop!

COLUMN

ストレートラインステップの足数は？

2010年世界選手権では、計4つのステップシークエンスのうち3つでレベル4を獲得するという前人未到の偉業を達成した髙橋大輔。その複雑かつ情熱的なステップには、いくつのフットワークを入れているのだろうか。

05年NHK杯で初レベル4

髙橋が初めてレベル4を獲得したのは05年NHK杯のSP。06年NHK杯では、SPとFSともにレベル4を獲得し、エッジワークに定評を集めるようになった。新境地を開拓したのは、07-08年シーズンSPの「ヒップホップ版白鳥の湖」。ヒップホップを取り入れたステップシークエンスは、その独特の内容から、シーズン初戦はレベル1と辛い評価だったが、08年四大陸選手権では見事にレベル4を獲得した。

高橋大輔のFS「道」(2010年世界選手権)

モロゾフは50個、カメレンゴ30個

髙橋のステップを解剖すると、これまでに最高で約50のフットワークをつなぎ合わせている。06-07年FS「オペラ座の怪人」では44、「ヒップホップ版白鳥の湖」で50。当時の振付師はニコライ・モロゾフ。半回転ジャンプ、ストップなどレベル認定に入らないフットワークも多数組み込むことで、独創的で華やかなステップを完成させた。

一方、怪我から復帰して振付師を一新した2010年五輪シーズンには、SP「eye」が約40、FS「道」が約30と、足数が減った。トウステップやクロスで氷を押してスピードを出す場面が無くなり、レベルに認定されるロッカーやカウンター、チョクトウといった難しいターン・ステップを目立たせる内容。特にFS「道」では、アイスダンサーの振付に定評があるパスカーレ・カメレンゴによる、エッジの「ため」と「伸び」を生かしたステップシークエンスで、ストレートレイン、サーキュラーともにレベル4を獲得した。

また10-11年シーズンに注目を浴びているSP「ラテンメドレー」では48と、複雑なステップが復活。「会場を熱帯夜にしたい！」と髙橋が言うとおり、圧倒的な技術力と激しい足さばきで、ラテンの世界を表現している。■

太田由希奈（2006年全日本選手権）
©N.Tanaka / Japan Sports

SPIRAL
スパイラルの美学は「伸びやかな姿勢」と「スピード」

女子の魅せ場スパイラル。美しさとスピード感の共存する技だ

スパイラル姿勢とはフリーレッグを腰より高い位置にキープして滑ること。手で支えるビールマン姿勢なども含まれる。10-11年シーズンのルール改正により、レベル認定のない「コレオスパイラル」のみとなったため、3秒以上のスパイラル姿勢が2つ、または6秒以上の姿勢が1つあれば認定される。

フリーレッグがただ高く足が上がっていれば良いのではない。スピードがあり、きれいな丸い軌道を描き、かつ足元からパワーが伝わってくるような四肢全体が伸びている姿勢をとっている事が、美しいスパイラルの条件だ。

Elements
SPIRAL
スパイラル

スパイラル・ヴァリエーション

足の高さだけでなく、軸足や上半身の姿勢、表情まで意識を届かせて

Y字

フリーレッグのかかとを手で支え、真横に持ち上げる。スケーティングレッグもフリーレッグも膝が曲がらないよう伸ばし、上体はやや後ろに反らせるように胸を張ると気品があって美しい。足は180度に近い開脚ほど素晴らしいが、むしろ美しさを強調するのは、スケーティングレッグから上げている手まで、きれいに天井に突き抜けていくような身体の外側のライン（写真向かって左のライン）。

キャッチフット

フリーレッグを逆手（フリーレッグと反対側の手）で持って上げた姿勢が基本。スケーティングレッグから持ち手にかけて身体がしっかりと伸ばされ、緩やかな弓状になった姿勢が最も美しい（写真向かって右のライン）。順手で持つと、身体がひねられないぶん、足を高く上げることができる。そのため見どころは高さ。なるべく足を高く引き上げ、顔も上を向くことで、上へ上へと空間を作っていくことが美しさの秘訣。

アラベスク
〈チェンジエッジ〉

アラベスク姿勢のスパイラルで、インサイドからアウトサイドへのチェンジエッジ。インサイドは、フリーレッグが内側に落ちてしまわないよう腰の上の方に上げる。深いエッジに乗って、スピード感をアピールする。股関節で重心を調節しながらチェンジエッジ。アウトに乗ったら、しっかりとフリーレッグを外転させ、つま先が外側を向くように。スケーティングレッグの内側のラインから、フリーレッグの外側のラインが一直線になると、より足が長くダイナミックに見える。180度開脚はもちろん美しいが、前後の角度が一直線になることが最も大切。

COLUMN

スパイラルは終わりが肝心

美しいラインと柔軟性に溢れたスパイラルは、観客を魅了する。特に180度の完全なスプレッドスパイラルは芸術的な技だ。近年は、子どもの頃から柔軟性を鍛えるスケーターが増え、180度開脚をよく目にするようになった。それでも、美しい印象のスパイラルとなぜか印象に残らないものがある。なぜだろう？

スパイラルの採点基準として明文化されているのは、P60で示した通り。ポジションに関することに絞って見てみると、プラス面は「身体のラインが良く、四肢が完全に伸びている」「柔軟性が十分」、マイナス面は「姿勢が拙劣」などで、どんなポジションが芸術的かといったセンスは定義されていない。フリーレッグが外転している、上半身を下げ過ぎずに胸を張っている、などが良いとされる傾向はあるが、選手個々の体型を綺麗に見せるベストポジションを探すしかない。

一方、どの選手でも今すぐに向上できるポイントがある。それは、脚の下げ方だ。フリーレッグを降ろし終わる前に曲げたり、急にドンと降ろしたり、降ろし始めと同時に軸足を曲げてしまう選手が非常に多い。せっかく180度開脚しているのに「なぜか綺麗な印象が残らない」ということになりかねない。

終わりよければ……ではないが、明記されていない「終わり方」こそ、スパイラルの美しい印象を、心に残像として残していくために大切なこと。四肢をしっかり伸ばしたまま、しとやかに脚を下げる。それもスパイラルの美学の中に加えておきたい。 ■

ジャンプ・スピン・ステップ・スパイラル総合解説

エレメンツの得点は、「難しさ」と「質」で決まる

エレメンツの得点には２つの側面がある。「難しさ」に応じて「基礎点」が決まり、「質」に応じて「GOE（出来栄え）」を加減する。

「難しさ」で決まる基礎点

まず基礎点を決定する「難しさ」について見てみよう。

ジャンプは当然、回転数が多いほど得点が高く、また一般的な難度に応じて、トウループ<サルコウ<ループ<フリップ<ルッツ<アクセル、と得点が上がる。女子の場合、3回転フリップより上は一部の選手のみが跳べる難技だ。しかし浅田真央のようにサルコウよりもフリップが得意、安藤美姫のようにフリップよりルッツが得意、というように個人差はある。

スピンとステップの「難しさ」はレベル1～4で評価される。スピンの場合、様々な姿勢を取ることや、回り始め方を難しくするとレベルを上げることができる。ステップの場合も、様々なターンやステップを入れたり、片足でターンを繰り返したりすることがレベルを上げる条件になっている（P 59）。

トップ選手の場合、スピンはレベル4を獲得できるものの、ステップのレベル4を得たことがあるのは、浅田真央、髙橋大輔、鈴木明子、パトリック・チャン、カロリーナ・コストナーなどごく一部。高レベルなエッジワークへの勲章だ。

難しさ に応じて決まる基礎点

3回転ジャンプ	トウループ	4.1
	サルコウ	4.2
	ループ	5.1
	フリップ	5.3
	ルッツ	6.0
	アクセル（3回転半）	8.5
足換えコンビネーションスピン	レベル1	2.0
	レベル2	2.5
	レベル3	3.0
	レベル4	3.5
ステップシークエンス	レベル1	1.8
	レベル2	2.3
	レベル3	3.3
	レベル4	3.9

（2010-11年シーズン）

「質」に応じて出来栄え（GOE）を加減

一方で、得点に大きく影響するのがエレメンツの質だ。いかに美しく洗練されたエレメンツをこなしたか、その出来栄え（GOE）に応じて「±３」の７段階評価をする。各エレメンツはどんなものが美しいのか、P60に一覧を掲載した。

ジャンプでは、スピードがあって高く大きく跳び、着氷後も勢いが落ちずに

難しさを表す レベル獲得条件

スピン

- **難しい姿勢バリエーション**（脚腕手頭などの動きが大きな肉体的強さや柔軟性を要し体幹のバランスに影響を与えるもの）
- **さらに異なる難しい姿勢バリエーション**（異なる足、異なる姿勢など）
- **ジャンプでの足換え**
- **バックエントランス/難しいフライングエントランス**
- **明確なエッジ変更**
- **左右の足とも３基本姿勢すべてを含む**
- **ただちに行う両方向のスピン**
- **１つの姿勢で８回転**
- **レイバックとサイドウェイズの変化、それぞれ３回転**
- **レイバックからのビールマン**

ステップ

- **ターン７つ、ステップ４つ以上**（レベル２）
- **ターン９つ、ステップ４つ以上**（レベル３）
- **５種類のターン、３種類のステップ、それぞれ両方向**（レベル４）
- **完全に身体が回転する両方向への回転**
- **回転がシークエンス全体の1/3をカバー**
- **上半身の動きを使っている**
- **難しいターンをすばやく組み合わせる**（両方向とも）
- **シークエンスの半分以上を片足で行う**

スーッと流れるものが高く評価される。ジャンプの助走で長くじっと構えて演技を中断するようなものや、着氷後にほとんど止まってしまうようなものは、マイナス評価になる。

スピンは、回転速度の速さや軸の安定感が大切。1点で回転せずに移動してしまうものなどは「トラベリング」と呼ばれ、質が低い。

ステップは、スピードや正確さが問われる。また音楽と合っていてプログラムの見せ場となるのも重要だ。ターンやステップの質は非常に厳しくチェックされる。スパイラルはスピードがあり、四肢がしっかり伸びているものが美しい。写真やテレビではスピード感が分からずポジションだけに目が行くが、実際にはスーッと大きく氷の上を移動していく伸びやかさこそが、スパイラル独特の魅力だ。

2010-11年シーズンから導入されたコレオステップとコレオスパイラルは、レベルはすべて1に固定して、質（GOE）のみで評価する。国際スケート連盟は、フィギュアスケート本来の良さを重視する方針で、ただ難度の高い技を詰め込むのではなく、美しく正しいスケートを“正統派”として高く評価している。今後も、質の高いスケートが求められる傾向は強まるだろう。2014年ソチオリンピックに向けて、選手の戦略も問われることになる。

質を表すGOE(出来栄え)

ジャンプ

プラス要素

着氷
- 四肢を十分に伸ばした着氷姿勢
- 独創的な出方

踏み切り
- 明確なステップ・スケーティングからすぐ踏み切る
- 予想外の/独創的な/難しい踏み切り

空中
- 空中で姿勢変形
- ディレイド回転
- 高さ、距離が十分

全体
- 入りから出までの流れが良い
- 無駄な力が全く無い
- 音楽に合っている

マイナス要素

着氷
- 回転不足/アンダーローテーション
- 転倒
- 両足着氷/フリーレッグがタッチダウン
- ステップアウト
- 手がタッチダウン
- 構えが長い
- F/Lzの間違った/不明確なエッジ(e)
- 着氷が拙劣

全体
- スピード、高さ、距離、空中姿勢が拙劣
- 拙劣な踏み切り
- SPの規定を満たさない
- 連続ジャンプ間のリズムが悪い
- 連続ジャンプの間に2つのスリーターン

スピン

プラス要素

- 回転速度が速い/途中で加速する
- すばやく軸をとる
- すべての姿勢でバランスのとれた回転数
- 規定回転数を明らかに超えている
- 姿勢がよい/フライングの空中姿勢がよい
- 独創的でオリジナリティがある
- 全体をコントロールできている
- 音楽に合っている

マイナス要素

- 転倒
- フリーレッグや手がタッチダウン
- 規定回転数に満たない
- 姿勢が拙劣・ぎごちない・回転速度が遅い・軸が流れる
- 足換えが拙劣(いったん中間姿勢になるなど)
- フライングの踏み切り、着氷が正しくない
- フライングの空中姿勢が取れていない

ステップ

プラス要素

- エネルギーが十分で焦点が定まった演技
- スピードがある、加速する
- 十分に明確で正確なターンとステップ
- 全身が十分にコントロールされている
- 独創的でオリジナリティがある
- 無駄な力が全く無い
- 音楽に合っている
- 深いはっきりしたエッジ

マイナス要素

- 転倒
- ステップやターンがシークエンスの半分以下
- シークエンスのパターンが正しくない
- ステップやターンの質・姿勢が悪い
- 半回転以上のジャンプが含まれる
- つまづき

スパイラル

プラス要素

- 流れが良くエネルギーが定まっている
- スピードが十分
- 身体のラインが良く四肢が完全に伸びている
- 姿勢を変えるときの、無駄な動きが最小限
- 柔軟性が十分
- 独創的でオリジナリティがある
- 姿勢に素早く楽々と達している
- 音楽に合っている

マイナス要素

- 転倒
- スパイラル姿勢がシークエンスの半分以下
- 姿勢が拙劣
- つまづき
- エッジが安定していない

(2010-11年シーズン)

第2章 ベーシックスキル

Basic Skill

太田由希奈を指導する樋口豊
©N.Tanaka / Japan Sports

SKATING & EDGE
ベーシックスキルの大切さ

すべての美技へのカギは、
スケーティングとエッジワーク

　すべての美技の基礎となるのが、スケーティングとエッジワーク。実際にプログラムの中で「ただ滑る」というシーンは少ないが、すべてのエレメンツも演技も、足元がおぼつかないようでは美しいものには成り得ない。

右靴の場合

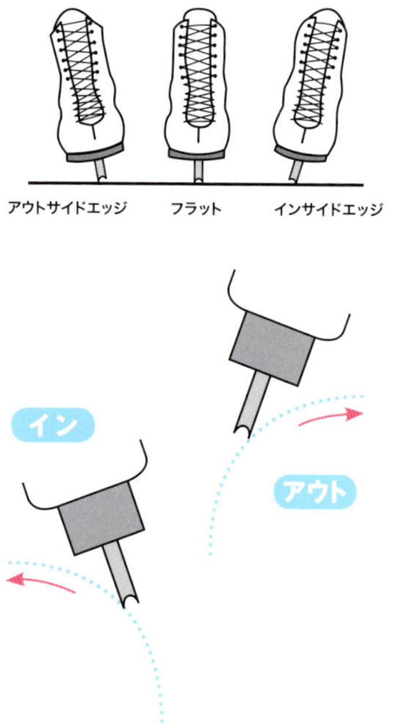

スケーティングは伸びに尽きる

　それでは、良いスケーティングとはどんなものか。それは、ひと蹴りの伸びがあり、氷を蹴っていない（漕いでいない）のに減速しないスケーティングだ。そのためには、エッジのなかで一番滑る1点という「ダイヤモンド」に乗ることが重要。ダイヤモンドに乗ったスケーティングは、伸びやかで雄大で、そしてパワーがある。よく「氷に吸い付くようなスケーティング」と解説されるような状態だ。樋口豊は「ダイヤモンドは、とにかく沢山スケーティングして見つけるしかない」という。

　ひたすらストロークとクロススケーティング。自然にスピードが出るエッジを探し、足元からのパワーが生かされる美しい姿勢を探す。永遠の宝探しだ。

エッジワークは深さと正確さ

　スケートのブレード（刃）は2枚刃で、前後の進行方向を合わせると、身につける「エッジ」は8種類ある。エッジの

ベーシックスキルを身につけるには

	目指す美学	身につける方法
スケーティング	■ひと蹴りの伸び ■落ちないスピード ■氷へのタッチ ■雄大さ	■ストローク ■クロススケーティング
エッジワーク	■正しいイン・アウトのエッジ ■深いエッジ ■加減速の巧みさ	■コンパルソリー

巧みな使い方を総称して「エッジワーク」と呼んでいる（P37）。

ではどんなエッジワークが美技なのか。それは「正確さ」と「深さ」だ。

まず、正確なエッジに乗る事が最も重要だ。たとえばスリーターン（P38）とロッカーターン（P40）は似た軌道を描く。ロッカーターンの方が難しいため、スリーターンをしてからすぐエッジを乗り換えると、一見ロッカーターンのように見える。もちろん審判や技術役員は、厳しく質を見極めるので、ごまかしのない正確なエッジを意識しなければならない。

このエッジワークを身につけるのに、最も基礎となるのがコンパルソリー（P70）。決められた図形を正確に描く練習で、昔は競技の1種目だった。ただし今のように音楽をかけた演技を目指すなら、コンパルソリーの応用となる、スリーターンの練習（P80）や深いエッジを使うスイングロール（P76）なども効果的だろう。

また正確なエッジを身体が覚えたら、深さも身につけたい。正確なエッジで傾斜を作り、徐々にスピードを出していくことでより深いエッジで滑走できるようになる。さらに上級になるとエッジの深さを使い分けることでスピードの緩急を出せるようになり、演技のスピード感や多彩さにつなげられる（P82）。■

ストローク

スケーティングを身につける第一歩

ストローク（正面から）

上半身はブレることなく真っ直ぐ前を向いていて、両肩もどちらかが下がることなく水平に保つ。エッジは「アウト→イン」と乗るため、上半身は真っ直ぐだが、滑っている位置（トレース）は中心線に対して外側を回っているのが分かる。

美しいスケーティングを身につけるには、まずは正しいストロークを繰り返して覚えることが大切だ。

まずは足を揃えて立ち、左足に体重をかけて右足で氷をプッシュし、前方に進む。この時、初心者のうちは「真っ直ぐ進む」と習うが、真のスケーティングを身につけるには、スケーティングレッグのエッジは「アウト→イン」となる。膝を曲げ体重をかけて滑り始めるときは、アウトに乗り外側に向かって進む。膝を伸ばしながらインエッジに乗り換え、重心を身体の中央に持ってきて、お腹から身体全体を引き上げるようにして立ち上がる。足を揃えたら、今度は右足に乗り換え、左足で氷をプッシュし、同様に繰り返していく。

フィギュアスケートにとって大切なのは、重心のアップダウンだ。足首と膝を柔らかく使い、曲げ伸ばしすることで重心を移動する。重心を下げて体重を足にかけると、より深いエッジになりスピードが生まれ、パワー溢れるスケーティングを見せられる。逆に、重心を上げて足にかかる力を抜くと、浅いエッジになりスピードも緩むが、温かみや力の抜けた美しさを表現できる。スピードスケートのように、体重を落としたまま延々とスピードを出す競技ではない。スピードの緩急を楽しむところに醍醐味がある。

トレース

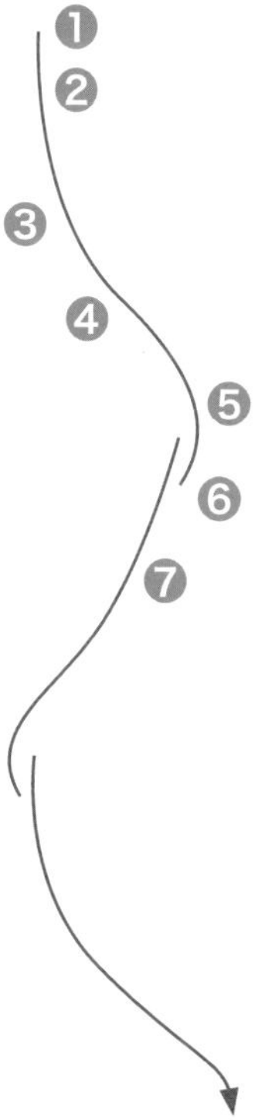

ストローク（横から）

フリーレッグは斜め後ろに伸ばし切る。靴を履いていても、つま先までの意識が重要。

ストローク（後ろから）

上半身はまっすぐ前に向く。スケーティングレッグのエッジにしっかり体重がかかっている。

より美しく

ただのストロークでも、姿勢に気をつければプログラムの魅せ場になるほどの美しいポジションになる。
フリーレッグは完全に膝が横を向くまで外転させ、後ろから引っ張られているように見えるほど足全体にテンションがかかった状態まで伸ばしている。
上半身は、しっかり腹筋と背筋を使って起こしている。
エッジにかかる重心の体軸と、フリーレッグを伸ばしている体軸を見ると、お腹の中心で重心を取っているのが良く分かる。すべてのバランスがつりあい、パワーが溢れる美しい姿勢だ。

悪い例

つま先が下を向いている

フリーレッグに力が入っていない。つま先からパワーが外に抜けて行くイメージで伸ばす事が大切。

上半身が折れている

氷を蹴る動作で、上半身がつられて左右に振れている。体重が腰に乗っていない。

フリーレッグが曲がっている

フリーレッグを常に伸ばしている意識が必要。引き寄せる時も曲げてはならない。

つま先で蹴っている

氷をプッシュするときは、つま先で蹴るのではなくエッジで押し切って、つま先はそっと離す。

COLUMN

欧州と北米　ベーシックスキルは？

時代につれてルールが変わり、華やかな芸術競技として変貌を遂げてきたフィギュアスケート。しかしその美しさの根底に流れているのは、やはりベーシックスキルに尽きる。各国は、長年の間にそれぞれのベーシックスキル論を確立し、選手を育成してきた。

エッジワークの欧州、スピードの北米

最も古典的なフィギュアを伝統的に守ってきたのは欧州だ。古き良きスケートを重視し、コンパルソリーやエッジワークの練習を徹底している。プログラムでも、正確なカーブに乗り丸いトレースを描くことが求められてきた。ヨーロッパのリンクに行くと、トップ選手が毎日2時間近くフットワークの練習をしている姿を見かける。

なかでもロシアは、正確なエッジワークを崩すことなく、バレエの動きを取り入れることを追求してきた。またフィンランドでは氷へのタッチが柔らかな選手が多く育っている。ラウラ・レピストは「スケーティングは毎日重点的に練習します。氷を蹴らないで、滑らせて進むように、というのはよく言われます」と、やはり滑りの大切さを強調する。

一方、カナダなど北米は、スピード感のあるスケーティング力を大切にしてきた。ブライアン・オーサー、カート・ブラウニング、ジェフリー・バトル(カナダ)らがその代表。スピードの出るエッジの1点に乗り、伸びやかで雄大な滑りを披露するタイプが多く育っている。

現役時代にトロントへ留学していた樋口豊も「スケートの魅力はスピード感。ひと蹴りの伸びと、スピードのあるなかでターンやジャンプをこなして、プログラムに流れのある選手が多かった」と振り返る。樋口は60歳を過ぎてもなお、選手顔負けのスピード感溢れるストロークとクロススケーティングをレッスンで披露している。

誤解してはいけないのは、欧州・北米とも、最終的に求めるものはエッジワークとスケーティングの両方であること。どちらの視点からアプローチしているかの違いだ。このちょっとした味付けの違いを知っておくと、スケートがより深く感じられるのではないだろうか。

ブライアン・オーサー（1988年世界選手権）

Basic Skill
SKATING
スケーティング

クロススケーティング

足を内側にクロスさせてカーブを滑る

フォアクロス

バッククロス

音楽表現の違いで主に2パターンある

スピードを強調

上半身が遠心力で外側に引っ張られないよう、上半身は円の内側を向き、腰もやや内側を向かせる。進行方向の肩をななめ後ろの上方に引いて、顔も進行方向を向く。強い遠心力に負けない姿勢で、スピードを出してパワーを見せるのに向いている。

重要なのは、常に、内足のアウトサイドと、外足のインサイドに乗ること。①②左アウトで氷を押しながら、右足をももをこすする様に前にクロスさせる、③④右インを置いたら、左アウトで氷を押し切ってつま先まで伸ばす。

遠心力で上半身が外に逃げないように、スケーティングレッグから頭まで貫く1本の体軸を意識して、身体全体で内側に傾斜することが大切。また踏み換える時に頭が上下しないよう、重心は常におへそのあたりに固定する。写真は左回りで、①右インから左アウトに重心を移動させる。②右インで氷を押し切って、膝・つま先を伸ばす。③④右足をももをすり寄せるようにして前にクロス。⑤左アウトで氷を押し切る。⑥⑦左足を抜き、右インに体重が移動。頭から左足に抜ける美しいラインを意識する。

美しさを強調

上半身の美しさを強調するスタイル。下半身は下へ重心を落とし、上半身はお腹から持ち上げて姿勢を維持する。両肩は滑っているカーブに乗せるイメージで、顔は円の中心に向けて、上半身はあまりひねらない。スケーティングの滑らかさ、自然さがアピールできる滑り方。

今こそ再び

コンパルソリーを見直そう

競技としては1990年に廃止されたコンパルソリー。そこに正確なエッジワークの鍵が隠されている。

コンパルソリーは、フィギュアスケートの語源ともなった、かつて行われていた種目だ。図形（フィギュア）を正確に描く技術を競うものだった。

課題は41あり、現在でもステップシークエンスでカウントされるターンやステップとして残っているものが多い。大きな円を描きながら、ターン6つ（P 37）のほかダブルスリー、チェンジエッジなどを行う。右足3回・左足3回の計6回、同じ図形を描くことが課題だったため、6点満点法が誕生した。

しかし地味な競技で観戦者数も少ないことから、スポーツの商業化が進んだ1970-80年代に、コンパルソリーが点数全体に占める割合は減っていく。樋口豊がグルノーブルオリンピックに出場した1968年までは、6割の配分。2度目のオリンピックとなった1972年

コンパルソリーの採点をするジャッジたち
© M.Sugawara / Japan Sports

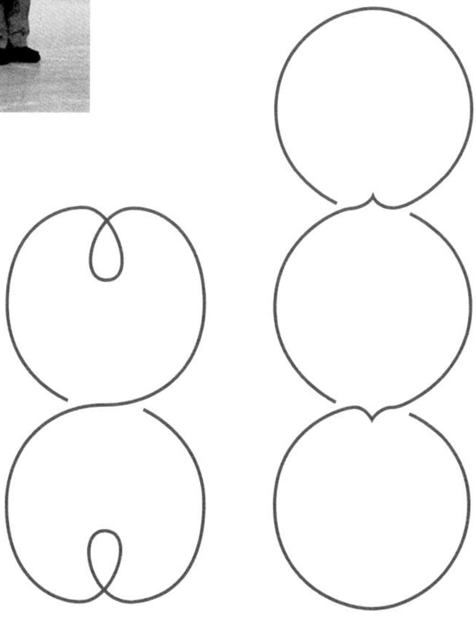

パラグラフ・ループ　　カウンター

コンパルソリーの課題。1つの円は身長の3倍、ループは1倍で描く。（右図）はアウトとインのカウンター。半周してカウンターをしたあと、円を正確に1周。（左図）はフォアとバックのパラグラフ・ループ。真ん中からスタートして、エッジの乗る部分を前後に操作して図形を描く。

クリスティ・ヤマグチ（1989年世界選手権）© M.Sugawara / Japan Sports

伊藤みどり（1989年世界選手権）© M.Sugawara / Japan Sports

札幌大会では5割、その後も割合は減り続け、1990年3月の世界選手権を最後に廃止となった。

最後のコンパル世代は、伊藤みどりだ。「コンパルソリーを苦手としていた」と評されることが多いが、実際には88年カルガリーオリンピックで10位、優勝した89年世界選手権では6位発進と、世界トップレベル。毎日黙々とコンパルソリーを練習して得たエッジワークが、トリプルアクセルの源であったことは疑いようがない。

今は競技にはなくなったが、レベルを認定するバッジテストでは初級〜5級までのステップ課題として残っている。現役選手にとっても、41課題すべてではないが、子どもの頃に通った登竜門なのだ。

また髙橋大輔は2009年に右膝を手術したあと、まだジャンプを跳べないリハビリの時期に、コンパルソリーとスケーティングを集中的に行ったという。すると、足首や股関節の使い方が安定したことで、シットスピンの姿勢がより深くしゃがめるように。また、ターンやステップも自然かつスピード感の溢れるものにブラッシュアップされ、復帰シーズンの2010年世界選手権では、計4本のステップシークエンスのうち3本がレベル4という偉業を成し遂げた。4回転ジャンプを跳べるような超トップ選手でも、やはり初心が大切ということだ。■

フォアアウト（フォアイン）

8つのエッジに美しく乗ることがエッジワークのスタート。全8エッジの

フォアアウト

アウトエッジに乗り、体重は股関節で支える。エッジだけでなく上半身まで一直線になり、カーブの内側に傾斜する。猫背になりやすいので胸を張って。

フォアイン

氷をプッシュした後、フリーレッグは内股をこする様にして前に寄せてくる。フリーレッグを外転させ、つま先を差し出すようなイメージで前に伸ばすと重心が股関節に安定し、深いエッジに乗れる。

バックアウト（バックイン）

美技を目に焼き付けよう（反対足は省略）。

バックアウト

膝と足首を良く曲げてバックアウトに乗り、氷をプッシュしたフリーレッグはそのまま前に伸ばす。股関節に重心を置いて安定したら、徐々にフリーレッグを後ろに引いて、スケーティングレッグも伸ばしきって雄大さを表現。身体の外側のラインの美しさを強調する。

バックイン

最も重心をキープするのが難しい。（左）浅いエッジのバックインに乗り、股関節を安定させてから、重心を落として深いバックインに乗る。上半身を外側にひねるとバランスをとりやすい。（右）屈伸したままバックインに乗り、氷をプッシュしたフリーレッグは外転させて前に伸ばす。上半身をひねらずに、内側のお尻がカーブの上に乗る姿勢が美しい。

COLUMN

フラットはない！ トレースの美学

氷の上を自由に滑走し、演技をするフィギュアスケート。しかし本当に自由に動いていれば良いわけではない。

コンパルソリー競技やエッジワークの練習では、必ずインかアウトのはっきりとしたエッジに乗り、正確なカーブを描くことが求められる。実はフリースケーティングの演技でも、このインとアウトのエッジにしっかりと乗り分けていることが大切なのだ。

もし、エッジを氷に垂直に立てた状態で立てば、インとアウト両方のエッジに乗って身体を支えることになり、これをフラットエッジと呼ぶ。当然ながら、インやアウトに乗るよりも、簡単に安定して立っていられる状態だ。フラットエッジは真っ直ぐ前に進む。

だからこそ、もしプログラムの中で「真っ直ぐなトレース」で動いている場面があれば、選手のスケート技術を判断するうえでマイナスになる。また真っ直ぐに進むことはフィギュアスケートにおいて不自然なことと見なされるので、演技の自然さや流れが失われ、演技力までマイナスに判断されかねない。

テレビではトレースまでは見えないが、ジャッジにとっては大きな評価ポイント。大小さまざまな丸いトレースがつなぎ合わせられたプログラムこそ美しい。それがトレースの美学だ。 ■

氷面に描かれたトレース ©Japan Sports

スネーク

エッジの感覚をつかむのに最適なフットワーク。膝と足首を柔らかく使う

フリーレッグは前に伸ばし、上半身がエッジと共に傾斜する意識で。写真は左足で、①②膝を曲げてイン、③伸び上がってチェンジエッジ、④⑤⑥膝を曲げてアウト。

フリーレッグは曲げて後ろに置き、バランスを取る。写真は右足で、①②③膝を曲げてアウト、④伸び上がってチェンジエッジ、⑤⑥膝を曲げてイン。

Basic Skill
EDGE
エッジ

スイングロール

足を振るのではなく、自然に前へ。正しいアウトエッジに乗るフットワーク

フォア

半円を描きながら美しい四肢を魅せることができるので、プログラムではカーブの乗り換えに使われることが多い。フォアのスイングロールは①②③膝を曲げて深いアウトエッジに乗り、上半身が内側に回りこまないよう左肩を引いていく、④膝を伸ばし切ると、自然にフリーレッグが横に来る、⑤そのままフリーレッグを前に伸ばす。

バック

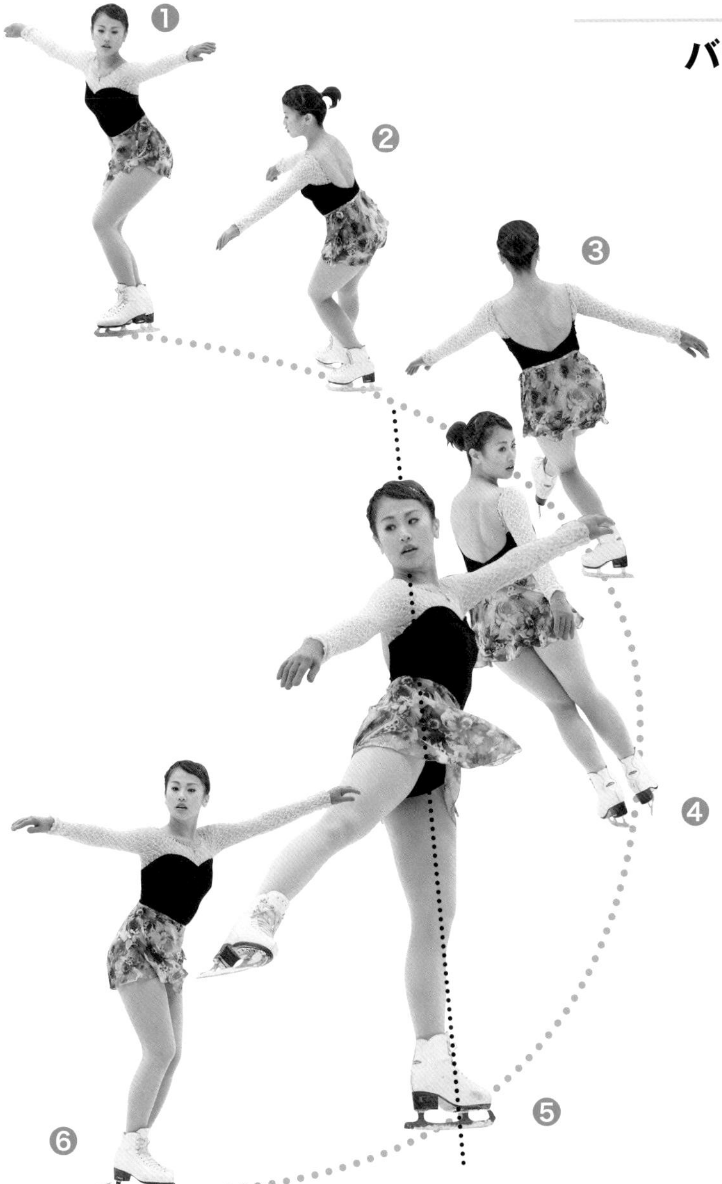

しゃがんでから伸び上がる動作をはっきりと行えるようになると、スピードの緩急を使い分けた上質のスケートにつながる。バックのスイングロールは①左バックアウトに乗り、②③フリーレッグ（右）を前に伸ばす。④スケーティングレッグの膝を伸ばしていくと自然にフリーレッグが横に来る、⑤フリーレッグを斜め後ろに引きながら、スケーティングレッグ・上半身・頭を一直線に保ち、左バックアウトの上に伸びきる。

樋口 豊
おすすめ

スケーティングスキルUPへの練習【クロスステップ】

クロスの一歩一歩の動作を、身体に覚えこませるのに最適！

インサイドエッジ＋クロス

①②左インに乗り、③右アウトからクロスをスタート、④左足をクロスさせ、⑤⑥左インに乗る。右アウトで氷を押し切って伸ばす、⑦次のカーブへ向けて右足を引き寄せる、⑧右インに乗り逆回りのカーブをスタート。

トレース

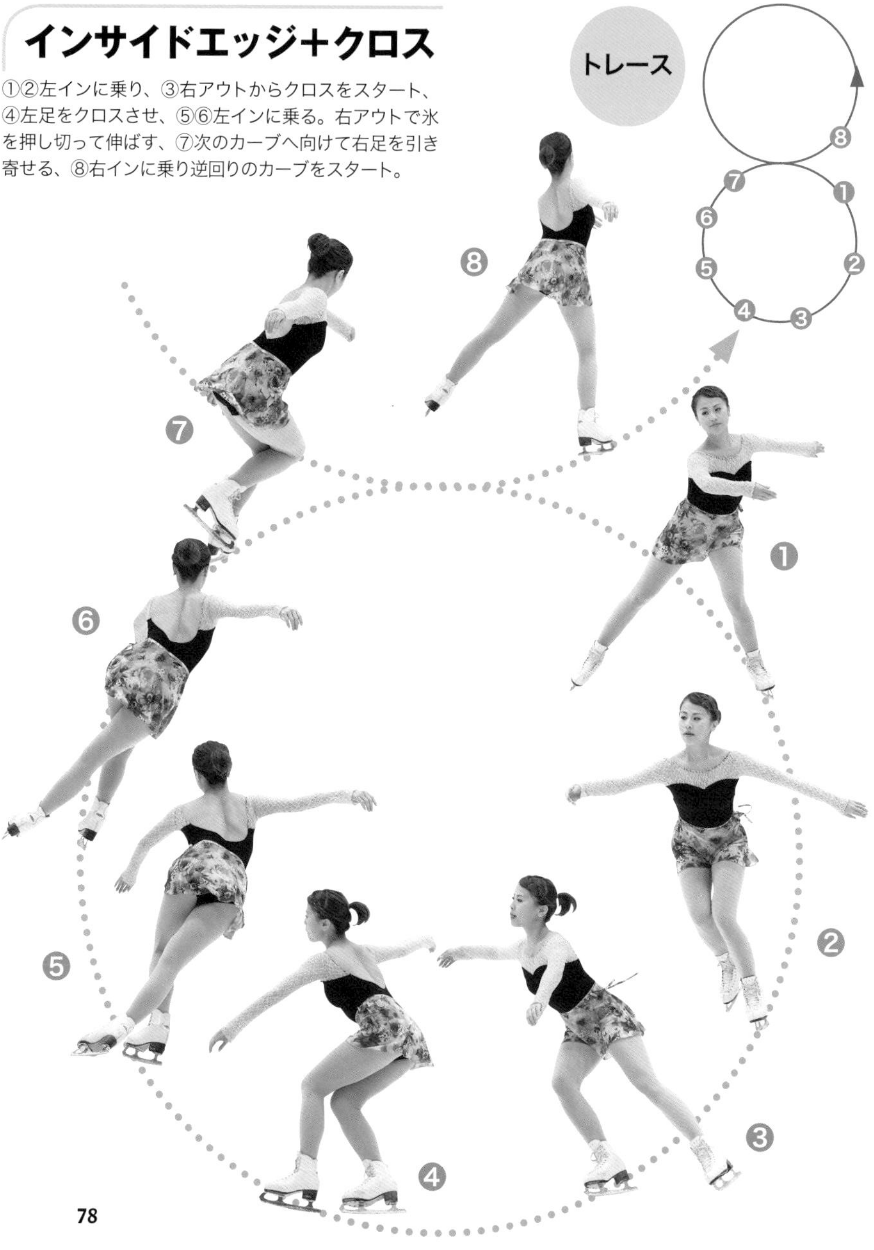

トレース

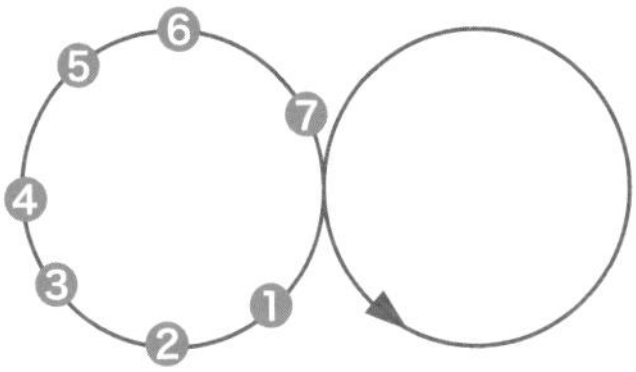

クロス＋アウトサイドエッジ

①②右アウトに乗ってクロスをスタート、③左足をクロスさせ、右アウトは氷を押し切って伸ばす、④右足を身体に引き寄せ、⑤⑥右アウトに乗る、⑦次のカーブへの準備として、右アウトエッジの上に伸び上がってくる。次は左アウトで反対のカーブに出ていき、同様に繰り返す。

アドバイス

2つの円の上で練習すると
より正しいエッジを覚えられる

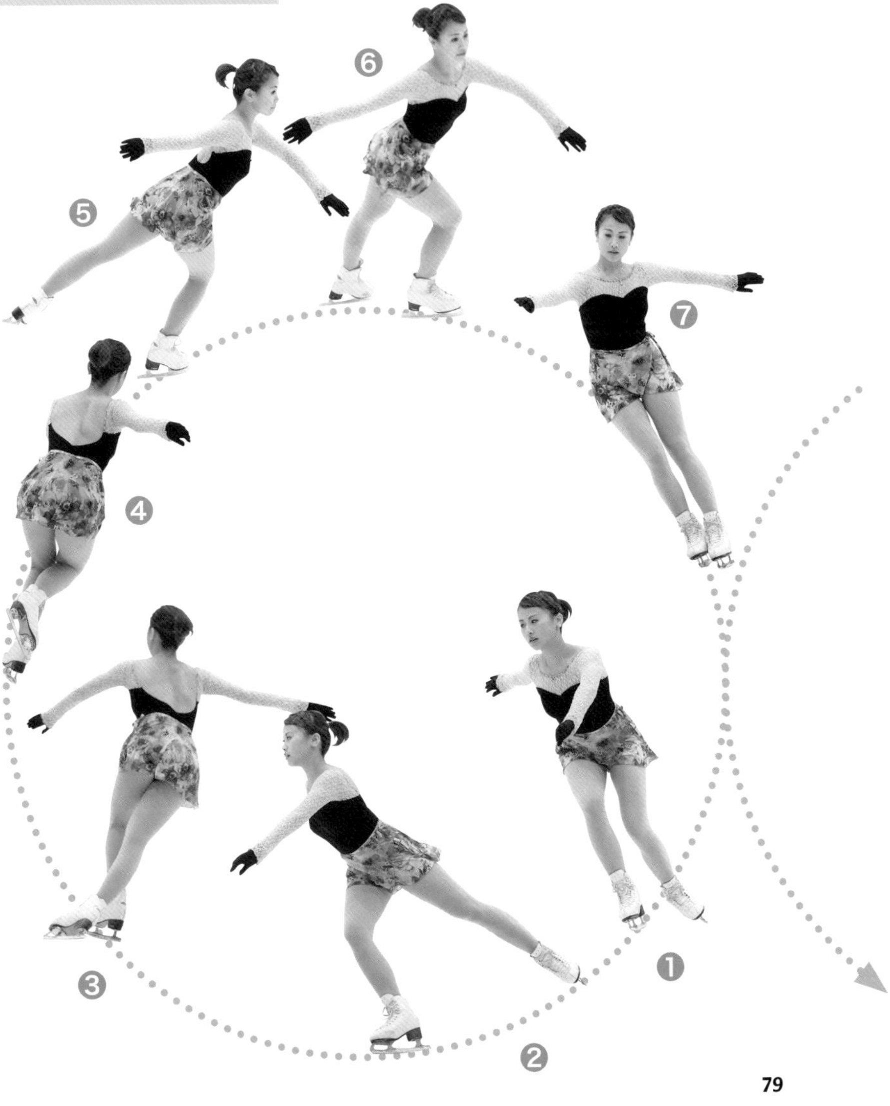

エッジワークUPへの練習
【スリーターン8種ステップ】
ごまかしのないエッジ8種類を覚えるのに最適！

1 フォアアウト

①膝を曲げて左フォアアウトに乗り、②③膝を伸ばしながら「左フォアアウト」→「左バックイン」へターン、④左バックイン、⑤⑥膝を曲げて深い左バックイン、⑦⑧右足を横に置いて、左足をアウトに踏み換える

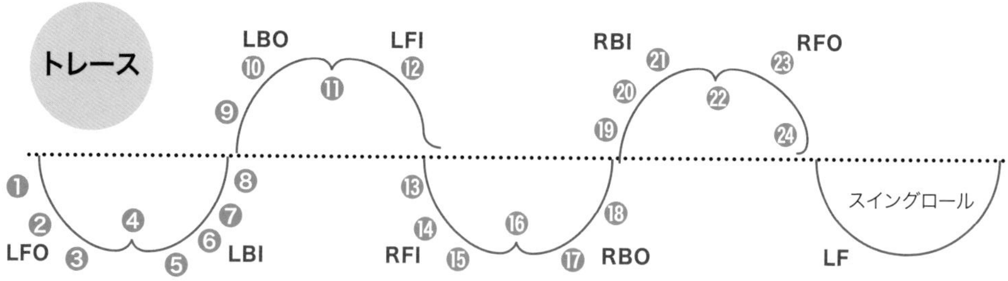

2 バックアウト

⑨左バックアウトに乗り換え、⑩上半身を右にひねり、⑪膝を伸ばすと同時に「左バックアウト」→「左フォアイン」へターン、⑫上半身を左にひねり返し、左フォアインに乗ってフリーレッグを前に伸ばす

3 フォアイン

⑬右フォアインに乗り換え、⑭⑮ひざを伸ばすと同時に「右フォアイン」→「右バックアウト」へターン、⑯右バックアウト、⑰ひざを曲げて深いエッジに乗る、⑱フリーレッグをそろえる

4 バックイン

⑲⑳左足を右足の後ろにクロスさせて置き、右足はインに踏み換える、㉑㉒左足を曲げて右足に付け、上半身を強く右にひねり、ひざを伸ばすと同時に「右バックイン」→「右フォアアウト」へターン、㉓㉔右フォアアウト

応用編

足を踏み換えずにチェンジエッジでつないでいくと、
よりエッジワークが磨かれる

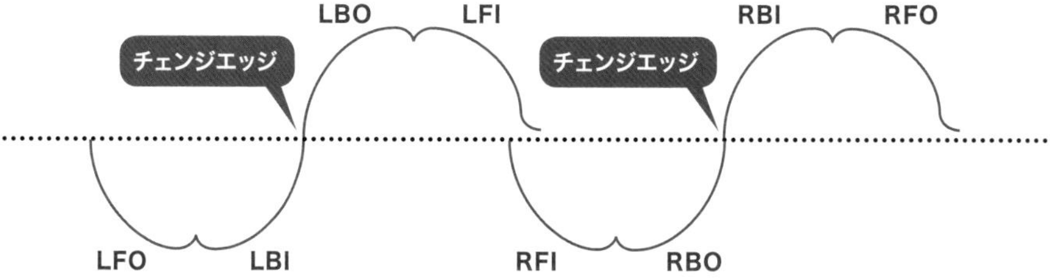

COLUMN

深いエッジは加速する

パトリック・チャン(2010年グランプリファイナル)
© N.Tanaka / Japan Sports

ベーシックスキルの結集は「加速」

素晴らしいスケーティングやエッジワークを身につけているかどうか、それを見極めるのに最も分かりやすい技術が「加速」だ。これまで紹介したように、ブレードの最も滑る1点を見つけ、より正確なエッジに乗り分けられるようになると、自然に加速するスケーティングが生まれる。よく「足元が自動で動いているよう」と評される選手がそれだ。

深いエッジに乗って体重をエッジに強くかけると、深いトレースを描きながら氷を削っていく。ステップやクロスの時に、「ブーン」という音がするのが分かるだろうか。これは深いエッジで氷を削る音だ。氷を削る、つまり氷をプッシュしているので、加速していく。

補足だが、「音のしない滑らかなスケーティング」が高く評価されるが、これはつま先で「ガリガリ」と氷を削ってスピードを落としてしまわない、という意味で、深いエッジの音とは別の話だ。

羽生が驚いたチャンのエッジ

現役選手で加速に定評があるのがパトリック・チャン。1歩か2歩だけでトップスピードに達し、ターンのたびに加速していく。チャンは、子どもの頃からオズボーン・コルソンコーチという非常にコンパルソリーとスケーティングの指導を徹底するコーチのもとで基礎を磨いた。今でもなお、毎日スケーティングだけを練習する時間があるというほどで、そのスピード感と加速の勢いは、生で見ると圧倒される。

2010年ロシア杯でチャンと一緒に練習した羽生結弦は、「これまでエッジが深いと加速するなんて思わなかったけれど、パトリックの後に着いて滑っていたら、すごくエッジを倒して加速していることが分かった」と驚き、エッジワークの大切さを実感していた。

また、いったん出したスピードを落とさないためには、エッジの深さが必要にもなる。ショートトラックや競輪の選手がカーブを曲がるのと同じ理論で、スピードがあるほど遠心力も大きく、内側に傾斜しなければならないからだ。

深いエッジに乗ると加速し、スピードを保つには深いエッジに乗る必要が出てくる。だからこそ、「深いエッジ」は高く評価されるのだ。 ■

第3章

プログラムパフォーマンス

Program Performance

高橋大輔（2011年四大陸選手権）
©M.Sugawara / Japan Sports

表現のプロに聞く

芸術には点数をつけるべきではない。しかし競技としてのフィギュアスケートは、
「演技」「振付」「音楽表現」といった項目で芸術を評価する。
ジャッジにとっては難しい判断だし、スケーターは技術だけでなく
芸術にも関心を持たなければならない。
では芸術と言われる音楽やバレエの世界では、どうやって芸術を体現しているのか。
同じく表現者と呼ばれるピアニストとバレリーナのお2人に、
それぞれの「表現とは何か」について話を聞いた。

© Shinshokan

芸術鑑賞で引き出しを増やして

清塚信也

SHINYA KIYOZUKA

ドラマ・映画「のだめカンタービレ」の吹き替え演奏やNHK大河ドラマ「龍馬伝」《龍馬伝紀行》テーマ曲の演奏などで注目を集めている清塚信也さん。コンサートでは、曲の間のトークや即興演奏などの人気も高く、今最も勢いのあるピアニストのひとり。清塚さんにとっての表現とは、そして芸術とは何かを聞いた。

――小学生時代から各コンクールで入賞してきた清塚さんですが、その頃から芸術の域に踏み込んだ演奏を意識していたのでしょうか？

「いいえ全然（笑）。コンクールで良い点を取って周りからチヤホヤされる事が楽しかっただけで、音楽の美しさとか喜びとかは皆無でした。技術を上げて、こんなに弾けるというだけ。美学とか芸術とかを意識したのは中学3年生くらいでした。スケーターも同じじゃないでしょうか。最初は褒めてほしくてジャンプの練習ばかりしている感覚です」

――フィギュアスケートとピアノの共通点を感じることはありますか？

「スケートもクラシックも同じ問題を抱えていると思います。まずピアニストになるにはコンクールに出場する。コンクールでは、美学より点数、美しい音色で人を楽しませるより技をこなすことが大切。だからコンクールでは技術のミスを恐れるあまり、難しい所の何小節か前になるとデスマスク現象っていって顔から表情が無くなるんです。スケーターもジャンプ前にデスマスクになって演技どころじゃなくなる。子どもの頃に、技術

清塚信也 © Daisuke Akita

だけを追う訓練をすると、いざ『自由に踊って（弾いて）』と言われても自由の仕方が分からなくなるんです」

――ではスケーターが芸術を追求するにはどうしたら良いでしょう？

「まずエキシビションやアイスショーは、競技者である自分から乖離して、美学や芸術を追求していいと思います。今はあまり試合と変わらない演技になっている人が多いから。普段から『試合では使えないけれど客が喜ぶもの』『自分ならではの演技』という引き出しを準備していけばいい。例えばコンサートなら、アンコールでガーシュウィンの即興を心に任せてワーッと弾くと観客が熱狂してくれる。そういう時に、親指の角度が違って少し違う音が出た、なんて事は誰も気にしない。感動を与えるためには、技術より美学の引き出しが必要なんです」

――今は、アイスショーですらスポーツの延長と思われていて、芸術という評価を得てないかも知れません。

「僕達ピアニストは、コンクールで勝ってプロになってやっと表現者として自由に演奏できる。でもスケートの場合はプロになる時に『現役引退』と言う。もし自身を表現者だと思うなら引退という言葉を使っちゃダメ。プロは、芸術性を伸ばすスタートに立ったと思わないと。その意識の差は大きいと思います」

――清塚さんには、コンサートでのトークや即興などの引き出しがあります。そのスタイルはいつ確立したのですか？

「20歳過ぎにモスクワに留学して、自分と向き合った時です。ロシアではクラシックやフィギュアスケートが大衆文化になっていて、街中にイリーナ・スルツカヤのポスターで溢れ返っていて、日常会話で音楽やスケートの話をする。盛り上がるからレベルも上がる。日本のクラシックもそんな文化になってほしいと思ったんです。でも今は敷居が高いから、まずはクラシックの楽しみ方から伝えるようなコンサートをしたいと思いました」

――確かに、クラシックは難しいというのが平均的な日本人の印象ですね。

「クラシックは貴族から生まれた文化で、勉強して努力しないと理解できない、美学の哲学なんです。当時ですら曲想理解は高尚なものだったのに、今の僕達に難しいのは当然。活花や茶道と同じで、勉強しないと楽しめないんです。だからコンサートでは、音だけでは伝わらない、作者の人柄とか作曲背景とかを話して、演奏も僕の個性より作曲者の個性を反映するようにと思って弾いています」

――自分を表現するのとは違うんですね。

「もちろんオリジナル曲は、僕の個性を出そう、知ってもらおうと思って弾きますし、ピアニストとしては本来そこを評価してもらいたいもの。アンコールは自由な感性で弾いていますよ」

──スケーターが芸術的な感性を磨くにはどうしたらいいと思いますか？

「まず読書。読書すれば大抵の土台はできます。古典的な文学作品を読み、あとは美術館とかコンサートにも足を運んでほしい。1枚の絵や1曲が人生を変えることだってある。今はすごいストレス社会で、休みは受動的な楽しみに流れがちだけど、簡単に手に入るものには人生を変えるだけの力はないと思う。身体の中から本気で芸術を鑑賞するということをやると、美徳みたいのが見えてくる。人間はどう生きた方が綺麗か、ということ。芸術を鑑賞するというのは、人が生きるべき姿を追求することなんです」

──芸術鑑賞は、やはり表現のために必要ですか？

「はい。クラシックは間接的表現なんです。作曲の時代背景や意図を知り、何かを象徴しながらそれらを表現しなくてはならない。自分を勝手に表現するのとは違うんです。だから演奏するには知識を積み重ねてクラシックの世界を構築する必要があるし、そもそも1回きりの人生なんだから、偉大な芸術家たちの真理に触れたいんです。スケーターがクラシックを踊るなら同じように、知識を得ることは大切でしょう」

──清塚さんはショパンの演目が多いですが、何か意図はありますか？

「音楽には和音（縦）とメロディ（横）があって、ショパンはメロディで音楽の魅力を表現するタイプ。メロディは歌詞みたいに分かりやすく、それが彼の美徳なんです。当時、貴族のサロンに呼ばれると、ライバルのフランツ・リストは逞しい身体と大きな手で超絶技巧のピアノであっと驚かせる。でも病気がちだし手が小さくて1オクターブと1音しか届かないショパンは、違うやり方で心を掴むしかない。場の空気を読んで、臨機応変に、コミカルな曲や静かな曲を上手に選ぶ。そんな感覚を大事にした人。自分も、押し付けるのではなく人の聞きたいものを提供したいと思っていて、ショパンの美徳はよく分かるんです」

──日本人のスケーターが、芸術に近づくにはどうしたら良いでしょう？

「外国人に比べて背も低く体格差があるけれど、ショパンがリストに体格的に劣っていても自分なりの表現を見つけていった部分にヒントがあるような気がします。やはり芸術を鑑賞して、自分の引き出しを1つでも増やしてほしいと思います」

清塚信也 Shinya Kiyozuka

ピアニスト。5歳よりクラシックピアノの英才教育を受ける。中村紘子氏、加藤伸佳氏、セルゲイ・ドレンスキー氏に師事。2000年ショパン国際ピアノコンクール in ASIA 第1位、2005年日本ショパン協会主催ショパンピアノコンクール第1位など、国内外のコンクールで数々の賞を受賞。知識とユーモアを交えた話術と繊細かつダイナミックな演奏で全国の聴衆を魅了し続け、年間100本以上の演奏活動を展開。現在まで「夜ノショパン」など6枚のアルバムをはじめ、クラシック案内書、教則本、楽譜集を発表。ドラマ「のだめカンタービレ」映画「神童」の吹き替え演奏、NHK大河ドラマ「龍馬伝」での演奏のほか、TV番組ナビゲーター、ラジオパーソナリティ、執筆活動、舞台出演など、縦横無尽に活躍中。
清塚信也OFFICIAL WEBSITE
http://shinya-kiyozuka.com/

技術を使って何を表現できるか

斎藤友佳理

YUKARI SAITO

魂と音楽が一体となったような演技が魅力で、秀逸な表現者として知られる斎藤友佳理さん。なかでも『ラ・シルフィード』のシルフィード（妖精）役として世界的に高い評価を得て、モスクワの国立劇場で日本人初の指導者に抜擢された。日本を代表する表現派バレリーナの彼女が語った。

──今では表現面で自身の世界観を確立させている斎藤さんですが、表現を意識し始めたのは何歳頃ですか？

「バレエを始めたばかりの６歳頃からだったでしょうか。私の場合、踊りの中に表現を取り入れるのではなく、表現したい感情が先にあってそれを何とか出したいと思った時に、手段がバレエだったんです。いい音楽を聴いて心に入ってきた、その嬉しさや切なさや幸福感といった感情を外に吐き出したいのに、子どもの頃は無口で感情を伝えられなかったんです。フィギュアスケートはスポーツ、バレエは芸術と言われるけれど、『表現する手段』という意味では共通していると思います」

──フィギュアスケートとバレエの一番の共通点は何でしょう？

「どちらも芸術を目指すもの。言葉を使わずに身体で表現するという点や、本番で失敗が許されない緊張感の中で自分が一番良い状態に持って行く精神力の強さが求められるという点も共通しているでしょう」

──フィギュアスケートでも、バレエは基礎として必要でしょうか？

「やはりクラシックバレエはすべての動きの基礎で、そこからジャズやフラメンコ、体操、スケート等へ分かれて行きます。古典バレエは、決められた振付と規定されたテクニックの中で感情を伝えなければならなくて、『身体は縛られているのに爆発しそうな感情を何とか出したい』とその葛藤の中で芸術的な何かを生むのがクラシックバレエでの表現なんです。だからスケーターの方も、基礎となる身体の使い方を知ることが表現に繋がると思います。ロシアでは、若いスケーターが一緒にバレエレッスンを受けることもありましたし、バレエ教室が併設されているスケート場もあります」

──バレリーナから観て、フィギュアスケートの芸術性は高く評価できますか？

「すごく高いです。バンクーバー五輪の時、私はボリショイ劇場の更衣室にいたのですが、ロシアの若いダンサー達がステファン・ランビエルの大ファンで、テレビに噛り付いて大変だったんですよ！『彼が一番の演技だった、金メダルをあげるべきだ』と大騒ぎ。髙橋大輔さんも人気があって、彼は挑戦するパワーみたいな彼の内面を表現しているし、ランビエルは癒しとか愛という作品の気風を素晴らしく表現している。彼女達は、心に迫ってくる何かを求め、同じ表現者として理解し合い、尊敬しているんです」

――では、表現力で悩むスケーターたちは、何をすると良いと思いますか？

「技術を重視しすぎていると壁にぶつかります。表現するための技術なのか、技術を見せるための表現なのか。もちろん、小さなミスで減点され勝敗が決まるので、技術に神経が集中するのは当たり前。でも、本番前にいったん技術的な追求から離れる勇気も大切だと思うんです。私は2010年末に、翌年１月の『ジゼル』全幕に向けて技術的な事を追い込みすぎて、膝を怪我しました。本番５日前にトウシューズをやっと履けるようになり『とにかく技術的な欲は全て捨てジゼルを踊りきろう』と思ったら、本番では技術的な事が今までで一番良くこなせたんです。私達、芸術家といわれている職業は、切羽詰まった精神状態で本番に臨むものですが、適度も大切だと教えられました」

――本番前に技術を追求しないとは勇気がいる話ですね。

「実際には、若い時から技術を追求し、毎日積み重ね練習しているので、脳と筋肉が覚えているんです。それほどの強みはないでしょう？　100発100中の成功を考えて数学的に解決しようとすると、ハマってしまい、作品の一番大切なものが見えなくなります。例えば『ジゼル』なら高度な技術が要求されるヴァリエーションがあり、何も考えずに練習すると出来る。でも『50度の角度にこの幅で足を出す』『手の角度はこう』と数学的に分析するほど出来なくなっていく。人間の体調や精神状態は毎日違うし、氷の状態も湿度も違います。表現力で苦しむ選手は、技術に100を求め過ぎているのではないでしょうか。本番になれば身体は覚えていると信じることが大切。本番で最終的に目を向けるべきは、技術を使って何を表現できるかなんです」

――フィギュアスケートで、芸術の域を感じたことはありますか？

「今でも覚えているのは1984年、モスクワに留学していた時に観たサラエボ五輪のアイスダンス、トーヴィル&ディーンの『ボレロ』。まだ若い頃でしたが、『すごい世界。これは正に芸術』と感動した。スタートからラストまで２人が表現しようとしているものと（作曲者の）ラヴェルと音楽とすべてが融合していて、音楽であり、その中にストーリーがあった。歴史的な作品だと思います」

――では今のスケーターが『ボレロ』のような歴史的な作品を残すためには何が必要だと思いますか？

「スケーターが妥協せずに追求する姿勢を100%理解して、その力を300%にできるような、優秀なコーチと振付師、音楽、衣装が揃うことでしょう。良い曲に巡り合い、音楽と感情と身体がひとつになり、スケーターに似合うストーリーを振付師が作り、表現する技術をコーチと一緒に磨くこと。だから、曲想の違う曲を繋げた編曲で踊るスケーターを見ると、巡り合わせが良くないのかなって思うことがあります。私の場合、運命的な演目は『ラ・シルフィード』です」

──斎藤さんは、シルフィード役で世界的な評価を得て、モクスワでの指導者としても抜擢されましたね。ご自身にとって、どんな作品なのでしょう？

「私は東京バレエ団に入った19歳のときに『ラ・シルフィード』を踊り、（パリ・オペラ座などで活躍する振付家）ピエール・ラコット氏に出会い、様々な縁でボリショイ劇場などの大舞台に立つことが出来ました。『ラ・シルフィード』は、音と振付が調和されて自分の中に入ってくるんです。他の演目なら、踊る役の性格をイメージしながらその像に近づこうとしますが、シルフィードは何も考えずに踊ることが出来て、自分の中で完全にイメージが出来上がっています。実際に妖精をみたことがないのに不思議です」

──シルフィード像をつかむために、どんな努力をされたのでしょう？

「妖精であるシルフィードを表現するにあたってその起源を辿ると、元々は文字を持たない文化のケルト人だと分かりました。心の中にあるものは字で表せないという民族。だから、感情を言葉で考え

「ラ・シルフィード」斎藤友佳理 © Kiyonori Hasegawa

るのではなく、感性のまま踊るというイメージに到達して、それが私のシルフィードなんです。かえって苦手な作品のほうが、『苦しい、難しい』と考えながら踊ってしまう。誰でもいつかは、私にとってのシルフィードのように、音楽を聞いてスッと入っていけ、自然に踊れる、というような音楽や作品に出合えることを願っているはず。その巡り合わせがあった時に、歴史に残る素晴らしいプログラムが生まれるのだと思います」

斎藤友佳理　Yukari Saito

バレリーナ、東京バレエ団プリンシパル。神奈川県横浜市出身。母のもとでバレエを始め、ロシアでA・メッセレルやM・セミョーノワに師事。1987年東京バレエ団入団。詩情あふれる踊りとドラマティックな表現力で注目を浴び、東京バレエ団を代表するプリマとして長年にわたり活躍している。96年『くるみ割り人形』舞台上で大怪我に見舞われるが、98年『ジゼル』で復活を果たす。古典作品に加え、ドラマティック・バレエ、現代バレエまでレパートリーは幅広く、国内外の著名なダンサーと共演。平成16年度芸術選奨文部科学大臣賞受賞。09年、バレエ教師の資格を取得するため在学していた、ロシア国立舞踊大学院バレエマスターおよび教師科を首席で卒業。著書に自伝「ユカリューシャ」がある。

プログラムコンポーネンツスコア（PCS）

ジャッジの採点基準一覧

芸術面や、エレメンツ以外の技術を評価するPCS。
ジャッジが評価する５項目の特性をそれぞれまとめた。

Skating Skills
スケーティングスキル

- バランス
- リズミカルな膝の動き
- 足運びの正確さ
- 流れと無駄な力のない楽な滑り
- 深いエッジ
- ステップ、ターンの正確さと確実さ
- 力強さと加減速
- あらゆる方向へのスケーティング
- 片足でのスケーティング

スケーティング全体の質のこと。スケーティングとは前後に滑ることではなく、いかにエッジをコントロールしてカーブに乗って滑るか、またターン・ステップを自在に駆使しているか、ということ。スピードを出すために何度も蹴ったりせずに、エッジワークで加減速することもスケーティングスキルに含まれる。

Transition / Linking Footwork
つなぎ

- 多様さ
- 難しさ
- 複雑さ
- 質

ジャンプ・スピン・ステップ・スパイラルをつなぐフットワークや動作が、どれだけ複雑に、かつ高い質でこなせているか。単にステップをたくさん入れているということだけでなく、重心の上下左右への移動なども含まれる。またジャンプやスピンの入り方、出方が凝っていて難しいものは、つなぎとみなして加点要素になる。

Performance / Execution
演技 / 実行

- 身体の動き、感情の表現、知性の表出
- 身のこなし
- スタイルと個性 / 人格
- 動作の明確さ
- 多様さとめりはり
- 発したものが見る人に伝わる

振付師が作ったプログラムを氷上で再現する時に、その振付の意図を十分に理解して、身体を動かし、感情を表し、さらに知性も溢れているか、といった総合的な演技力をいう。単に表情を作ったりすることではない。その演技の質が高く、明確に、正確にこなせていることも重要。

Choreography/Composition
振付 / 構成

- アイディア、コンセプト、ビジョン、雰囲気
- 配分が偏っていないか
- 統一性（全動作の意図的な一貫性）
- 空間の利用
- 氷面の十分な利用
- 動作が音楽に合っている
- 独創性

独創的で計画的な振付の構成になっているか。リンク全体をくまなく利用したトレースになっていて、目線や重心移動などを使って独自の演技空間をうまく作り上げているかどうか。ヒップホップなど独創的なアイディアが盛り込まれた振付も、ここで評価される。

Interpretation
音楽の解釈

- 音楽に合った無駄のない楽な動作
- 音楽のスタイル、特徴、リズムの表現
- 作曲者や演奏家による強弱・テンポなどの芸術的な手法を、どれだけ反映しているか

個性的かつ創造的に、音楽を氷上の演技に移し換えているか。音楽のタイミングに合って動くだけではない。音の強弱をスケートの加減速で表現したり、フラメンコの重厚感を表すために重心を低くするなど、より深い音楽解釈を求めている。

小塚崇彦
(2011年四大陸選手権)
©M.Sugawara / Japan Sports

Skating Skills

スケーティングスキル

表現につながる基礎技術

すべての演技の基礎となるのがスケーティングスキルだ。技術面を純粋に評価するエレメンツスコアとは別に、表現面を評価するプログラムコンポーネンツスコア(PCS)の5項目の1つとしてスケーティングスキルが確立されているほど、表現のために必要な技術として考えられている。

ではジャッジが求めるPCSでのスケーティングスキルとは何だろうか。評価する特性はＰ90で紹介したが、実際に得点の出る素晴らしいスケーティングスキルについて具体的に考えてみよう。

2010-11年シーズンにスケーティングスキル８点台を出した選手は、パトリック・チャンや髙橋大輔、織田信成、小塚崇彦、浅田真央ら。中でも2010年12月のグランプリファイナルでは、チャンが8.71、髙橋が8.32と、高い評価を得た。

チャンは、高いPCSが出る理由について「子どもの頃からコンパルソリーとスケーティング練習を徹底してきた成果」と分析。また同じく８点台をコンスタントに出す髙橋と自分を比べて、「髙橋は８点台にふさわしい素晴らしいスケーティングスキルを持っている。でも自分とはタイプが違う。自分はスピードが出てそれを維持できるタイプだけど、髙橋は多彩なエッジワークがあって上半身の動きも素晴らしいし、緩急のあるスケーティングができる」と話している。

チャンは、世界ジュニア選手権に出場していた頃から、エッジの一番良い部分に乗る器用さが光った。スケーティングが滑る１点へ瞬時に乗ったり、ターンが加速する１点でターンをしたりと、スピードを殺す場面がまったくない。スピードのある４回転ジャンプを成功するようになった2010年以降は、より高い評価を受けている。

一方で、髙橋のスケーティングスキルは重心移動がうまい。重心をうまく変化させるカンがあるため、身体が浮いているかのように思わせるやさしい氷へのタッチでスケーティングしたり、上半身で踊りながら複雑なステップをこなしたりできるのだ。05-06年シーズンからステップでレベル４を獲得してきた最大の理由は、どんな上半身のポジションで踊っていても足元で正確なエッジワークをこなせる、下半身と上半身の連動性の素晴らしさだ。

また織田なら、なめらかなスケーティングとスピードが持ち味。小塚は精細なエッジワークと素直で粗のないスケーティングで、他と一線を画している。浅田は、男子顔負けのパワフルかつ多彩なエッジワークで、ストレートラインステップを披露できるエッジワークの女王だ。またバンクーバーオリンピックで9.05という高得点を得たキム・ヨナは、女子としては類を見ないスピード感で演技をこなしジャッジを唸らせた。

つまりスケーティングスキルが高い選手といっても、タイプは様々。PCSのスケーティングスキルを伸ばしたいなら、ただ滑る能力ではなく、演技にもつながっていくような多彩な能力を身につけなければならない。

それでは、樋口豊が指導するスケーティングスキルの例として、次ページで「３方向のクロススケーティング」を紹介する。■

Program
Skating Skills
スケーティングスキル

3方向のクロススケーティング
～流れのある演技の秘訣～

良い例

ジャンプ着氷後、上半身まで一気に前を向かない。下半身は前向きに一歩を踏み出すが、上半身は右手を後ろに引いてひねって外向きに。クロスをしながら序々に上半身を前向き、そして内向きへとひねっていく。自然に方向転換させていくことで、演技が途切れない。

悪い例

ジャンプ着氷後、足が前向きに一歩を踏み出すと同時に、上半身も突っ込むように180度振り返ってしまっている。ジャンプからの演技が途切れてしまう。

技と技の間がいかに「自然に流れ良く」つながっているかで、演技全体の自然さや流れが変わる。自然な演技を支えるひとつの技が、上半身3方向のクロスだ。

基本的なクロスは、上半身が円の中心側を向く。遠心力で上半身が外側に引っ張られないよう身体全体を内側に傾斜させるため、上半身が内向きのほうが安定するからだ。しかし自然な演技のためには外向き、前向きのクロスも取り入れたい。

写真のようにジャンプ着氷後、後ろから前へと振り返る場面で、上半身も一気に振り返るか、徐々に振り返るかで、演技の自然さが決まる。こういった細やかなスケーティング技術が、自然で美しい演技の裏に隠されている。

表現につながるスケーティングを

じっと下を向いて猫背のままスケーティングを練習しても、プログラムコンポーネンツスコア（PCS）のスケーティングスキルを上げる練習にはならない。樋口豊は、今の採点法やルールを考慮して、演技につながるスケーティングスキルを指導するよう意識している。レッスンで生徒に意識させているポイントをまとめてみた。

①スピードの緩急
②エッジの深さ
③力強さ
④フリーレッグ伸展と身体のライン
⑤片足に乗ったスケーティング
⑥様々な方向への動き
⑦醸し出す空間
⑧やわらかい膝の使い方
⑨エッジの乗る位置

樋口は「木」を例に挙げる。「木はまず根っこがしっかりしていないと育たない。そして幹が立派だと素晴らしく見える。花や葉は後からの飾り付け。だから基礎を固め、体幹をしっかり使いながら、手や顔の表現を覚えていかなければならないのです」

重心を意識する

まずウォーミングアップのストロークでは、スピードの出る１点に乗ること、インとアウトのエッジを使って加速する

こと、膝と足首を柔らかく使ってスムースに重心を移動すること、フリーレッグを伸ばし切ること、フリーレッグを引き寄せるときも伸ばしておくこと、など非常の細かい点まで注意する。ストロークの練習だけで、重心の使い方や正しいエッジの使い方まで身につける指導法だ。

リズム・テンポを意識する

またクロススケーティングなら、ゆっくりとした足さばきでパワーを氷に伝えていくテンポと、倍速の足さばきでカーブに重心を乗せるだけで滑らせていくテンポと、2種類を交互に練習する。ゆったりとした曲で美しく滑るクロスとアップテンポな曲でのクロスは、氷へのタッチが違うからだ。こうやって基礎練習の中で、音楽表現も学んでいく。

さらにエッジワークの練習では、リズムを大切にする。ステップシークエンスでは、エッジの正確さはもちろん大切だが、音楽のリズムに乗ってターンやステップをこなす勘が必要となるからだ。４拍子や６拍子の音楽をかけながら、テンポや音の強弱を反映させたターンやステップを身体に覚えこませていく。

上半身と下半身の連動を意識する

一方、上半身と下半身が自然に連動することも大切だ。ターンひとつ取っても、ターンの瞬間に手を上げるだけで重心が上に移動してバランスを取るのが難しくなる。そのため、足さばきのためのターン練習だけでなく、いかに上半身の動きをターンと自然にマッチさせるか、という練習を意識させる。

また単にアウトエッジやインエッジに乗るだけの練習（P 72～75）でも、音楽をかけて上半身の振りを付けながら、より美しく音楽性を醸し出せるポジションを探す練習をする。

子どもたちは、こうしたバラエティに富んだ練習方法で、楽しみながら表現への扉を叩くことになる。表現につながる美しく多彩なスケーティング。それが樋口が追求する基礎練習の美学だ。 ■

パトリック・チャン（2009年スケートカナダ）
©M.Sugawara / Japan Sports

Transition

トランジション

引き出しを増やそう

エレメンツとエレメンツの間の「つなぎ（トランジション）」は、演技に厚みを出す大切な要素だ。①ステップやターンなどフットワークのつなぎ、②スピードの緩急などスケーティングスキルによるつなぎ、③頭を振ったり重心を移動させたりするボディームーブメントのつなぎ、④エレメンツにカウントされない技（イナバウアーやバレエジャンプなど）のつなぎがある。

この４つの種類の「つなぎ」が、バラエティに富み、複雑で、難度が高く、質の高いものとして行われているかどうかが評価につながる。

バレエジャンプ

空中姿勢で美しいポーズをとり、華やかさを演出

開脚タイプ

ループジャンプのように右バックアウトで踏み切り、振り返りながら脚を開く。前足は真っ直ぐ前へ、後ろ足は外転させ膝が外を向くと美しい。180度開脚は柔軟性が要求されるため難度が高く、サーシャ・コーエンなども得意としていた。

前向き

左トウを突いて、トウジャンプの要領で跳び上がったパターン。振り返りながら、力強く前に跳び出す。軽やかに踏み切り高さも出るので、元気さや可憐さなどの表現に。

1回転

左足は前に伸ばし、右足は曲げてアチチュードの姿勢。陸の上でも難しい姿勢を空中で行うため難度が高い。本書の表紙。

Program
Transition
トランジション

イナバウアー

つま先を180度開き、前足を曲げる

レイバック

つま先を180度開き、前側の足は曲げて、後ろ足は伸ばした状態で氷の上を滑っていく技。荒川静香のレイバックイナバウアーは顔が逆さになるまで強く反り返る。写真のように腰から背中、手先へと力が抜けていくような、身体のラインを意識したレイバックも美しい。

イン－アウト

イナバウアーで前後の足を大きく開き、前足はフォアアウト、後ろ足はバックインに乗った状態。背中側のカーブに寄りかかるようなイメージで、大きなカーブを描いていく。

イン－イン

イナバウアーで体重をカーブの前に押し出し、前足はフォアイン、後ろ足はバックインに乗った状態。お腹側にカーブを描くように丸く滑っていく。

Program
Transition
トランジション

イーグル

つま先を180度開き、両足とも伸ばす

アウト

つま先を180度開き、両足の膝を伸ばして滑る技。演技中にゆったりと滑る空間や「間」を演出するためによく使う。背中側の大きなカーブに乗り、上半身は外側・斜め上側に開いた状態に。スピードを出して深いエッジに乗り、進行方向斜め上に視線を持っていくと、雄大さやパワーを表現できる。

イン

両足ともインサイドに乗ったイーグル。正面側のカーブを滑っていく。上半身は円の内側・斜め下側を向くので、笑顔で滑れば可憐さや女らしさ、悲しい表情なら切なさや忍耐などを表現するのに使われる。

ピボット

トウを中心にして円を描く

バックアウト

一番基本のピボット。写真は左回り。まず右バックアウトに深く乗って滑り、滑っていくカーブの中心にあたる位置に左トウを突き、グルッと小さな円を描く。最も流れを止めずに美しく魅せられるピボットで、演技のフェイドアウトや柔らかいストップに最適。

1 4
2 3

フォアアウト

左フォアアウトに乗ってから、右トウを突いてグルッと回る。

バックイン

左バックインで滑ってから、右トウを突いてグルッと回る。膝は内股の状態で振り返るような目線になるので、可愛らしい女の子の表現や、妖艶に誘う表現などに使える。

フォアイン

右フォアインで滑ってから、左トウを突いてグルッと回る。両足が離れているので、重心が逃げないようしっかりと腰を前に押し出す。積極的な女の子、元気でボーイッシュな女性の表現などに向いている。

応用

かかと

トウではなくかかとを円の中心に突くピボット。身体の前側にカーブが来るので、上半身はやや斜め下に。コミカルさや、フレッシュさを表現するタイプ。

イン-イン

トウは突かずに、右バックインで滑りながら、円の中心方向に左バックインを置く。左足を少し滑らせながらグルッと円を描く。写真のように身体を反らすと美しい。

クロスロール

両足を交互にクロスさせてアウトエッジに乗る

フォア・クロスロール

両足を交互にクロスさせながら、アウトだけに乗る。基本のクロススケーティングではクロスさせた足をインに置くが、クロスロールはアウトに置く。右アウトと左アウト2つの体軸を交差させながら乗り換える。左右への小刻みな重心移動で、軽快さや楽しさ、心の高揚などを表現するのに合う。

トレース

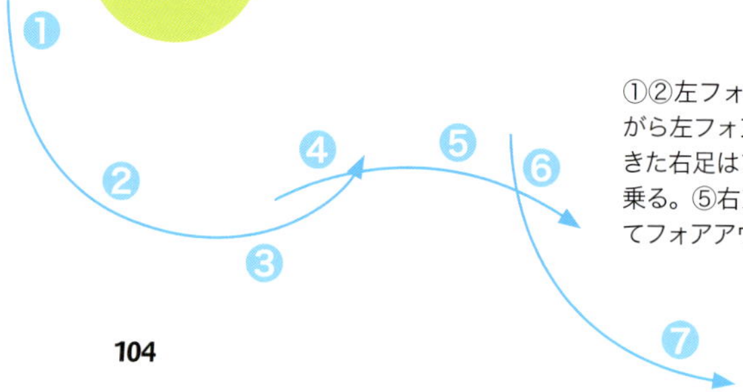

①②左フォアで滑り、③右足をクロスさせながら左フォアアウトで押し切る。④クロスしてきた右足はフォアアウトに置き、逆のカーブに乗る。⑤右アウトで滑り、⑥左足をクロスさせてフォアアウトに置き、逆のカーブに乗る。

バック・クロスロール

アウトに置くのは難しいが、
体軸が折れないように

バッククロスとは全く異なる。バックアウトで滑っているスケーティングレッグの後ろから足をクロスさせ、瞬時に体重を乗り換えてバックアウトに置く。スピードはなくても、自然に足を後ろに置いてスーッと後ろに移動していく様が美しい技で、悲しい表情をつければ失恋や別れを、やさしい表情をすれば叙情的な回想などの場面を演出する。

COLUMN

体幹・重心の移動に秘密あり

P99～105で紹介したような、目に見て分かりやすいステップや動きばかりが「つなぎ」ではない。1つのエレメンツが終わって次のエレメンツが始まるまでの間に行われる、プログラムをオリジナリティ溢れた美しいものに創り上げていくすべての動きが、「つなぎ」になる。

その「つなぎ」のなかでも上級編となるのが、体幹の使い方と重心移動だ。技の呼び名があるものはほとんどないが、実際にはプログラムに厚みを出す上でとても重要になる技術。頭・腕・体幹・腰のボディームーブメントを通して、重心を移動させることは、ジャッジの間では正式に「つなぎ」として考えられているのだ。

①では、左バックアウトと右フォアインでカーブに乗り、右側のお腹を伸ばすようにして、体軸をななめ左に傾かせている。重心を身体の左に寄せて、左側の体幹を使って動きをコントロールする。②はその反対で、右に重心を寄せて、右の体幹で動きをコントロールしている。たとえば、この①と②を繰り返すと、重心がゆらゆらと揺れて、川面を流れていくような表現をできる。

また③では、両足を大きく開き、重心を身体の真ん中に持ってくる。左右どちらのエッジも非常に深く倒しているため、バランスを取っているのは足の力ではなく身体中央の体幹。このあと足を閉じるときも体幹を使って引き上げる。こうやって体幹をうまく使うことで、片足では乗れないほど深いエッジをアピールすることが出来るのだ。

重心や体幹の使い方は、表現のバラエティを広げ、「つなぎ」に厚みを出す隠し技になっているのだ。

キム・ヨナ（2010年バンクーバーオリンピック）
©N.Tanaka / Japan Sports

Performance

パフォーマンス

身体を使って音楽・感情を表現する

フィギュアスケートの演技は上半身だけ踊ればいいものではない。氷上に立ち止まって、陸上でもできるダンスをどんなに上手に踊っても、フィギュアスケートの表現にはならないのだ。スピードのあるスケーティングや深いエッジワークといったパワーが、足元から上半身へと伝わっている動きこそが美しい。

下半身と上半身が呼応しあい、氷の上でしかできない身体表現をできたとき、フィギュアスケートは芸術と呼べる領域に達するのだ。

クロス･ヴァリエーション（表現別）

重心の位置、上半身の動き、表情などの変化を加えることでバッククロスだけでも表現になる

やすらぎ

目線は並行くらいで、胸と頭を進行方向にさげるイメージでやすらぎを表す。手は美しく伸ばしたまま、脇を締めていくことで交差させ胸元に寄せ、聖母のような優しさと安堵感を表現。

苦しさ

胸が下を向くくらい上半身を深く前に倒し、感情の閉塞感を表現。目線も下に。手は脇を締めて胸元に寄せていき苦しさを強調する。

あでやか

目線は斜め上に持って行き、上半身も進行方向上に向かって開く。手は優雅に大きく上げていき、顔の周辺の空間から、天井まで届く大きな空間へと、演技の空間を広げていくことで優雅さを醸し出す。

恋のよろこび

腰は前に倒しながら胸元を張ることで、胸から溢れ出るような恋の想いをあらわす。手はやさしく胸を包むように寄せていき、希望に溢れる笑顔で観客を魅了する。

元気

内側の足を踏み出すときも歩幅を大きめに、元気さをアピール。笑顔で顔はやや上に向いてパワーとフレッシュさを表現。動きは雑にならないように。

クロスヴァリエポーズ

クロスフットの状態で比較すると違いが分かりやすい。豊富なクロスヴァリエーション

気品

やさしさ

慈悲

悲しみ

アグレッシブ

COLUMN

目線が物語るもの

①

②

演技力を決定づけるもののひとつに、目線がある。女性のメイクでも、一番表情に変化を与えたり、印象を変えるのが「アイメイク」。目線がどこを向いているか、どんな目の表情をしているかが、演技の深さを変える。目力（メヂカラ）はあなどれないのだ。

①と②を見比べてほしい。ポジションはほとんど同じだが、何らかの「表現」を感じ取れるのは、目線がこちら（ジャッジ）を向いていて艶やかな表情がある①の方だ。②はポジションは素晴らしいが、感情表現や意図は見えにくい。

「ジャッジ目線」とはよく言うが、実際にジャッジと目を合わせるよう目線を配ることは、演技として必要なこと。目が合って嫌な思いをするジャッジはいない。人と会話をするときに、目を見て話すのと同じように、説得力が変わってくる。

③と④は同じバックアウトでの滑走。③は目線を下にすることで、暗さや重厚感を感じさせる。④は右手を遠くへ伸ばしながら目線も遠くに置くことで、優雅さや希望など暖かみのある感情が表出している。

⑤は、何気なく前を向いた瞬間の1コマだが、あごを少し上げ、やや下に目線を向けている。ちょっと見下ろすような視線が、気高さや意志の強さを感じさせ、女王や強気な女の役を連想させる。決して「くるみ割り人形」のクララを思いつく人はなく、「トゥーランドット」の女王や「カルメン」あたりを思い浮かべるのではないだろうか。

目線は、感情や場面、そして演じている役までをも物語る。メヂカラの効果を存分に使いたい。■

③

④

⑤

振付中のデイヴィッド・ウィルソン。カナダのクリケットクラブのリンクにて
© Gerard Chataigneau

Choreography/Composition

コレオグラフィー／コンポジション
リンク全体を使って

振付師のセンスやアイディア、さらにはエレメンツ構成の戦略までもが関わってくる「コレオグラフィー／コンポジション（振付／構成）」。スケーター自身の才能だけではなく、振付師やコーチの手によっても磨きをかけられる要素だ。

リンク全体をくまなく使っているか、ジャンプやスピンが同じ場所に偏っていないか、ジャンプばかり連続せずにバランスよくエレメンツが構成されているかなど、全体の流れに関わる部分を特に評価する。また当然、独創的でアイディアやコンセプトに溢れた振付であることも重要だ。

また最高の振付師を雇っても、それをこなせなければ、振付に含まれた目的やアイディアは消えてしまう。最良の振付師とコーチから吸収したものを、本番で出せる能力が大切だ。

Program
Choreography
コレオグラフィー

リンク全体をくまなく使う

氷面全体を利用するバランスの良さが大切

2010年世界選手権SP「仮面舞踏会」

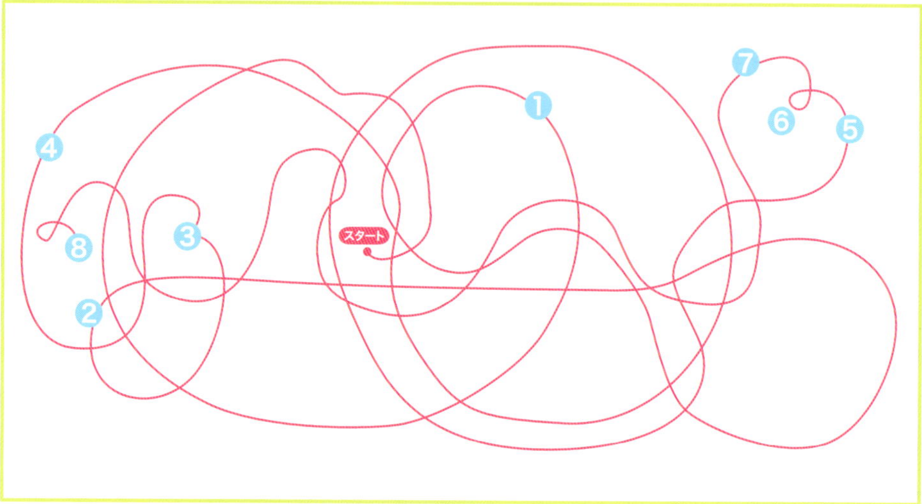

- ① 3A-2T
- ② 3F
- ③ Spin
- ④ Spiral
- ⑤ 2A
- ⑥ Spin
- ⑦ Step
- ⑧ Spin

浅田真央（2010年世界選手権）
©M.Sugawara / Japan Sports

①冒頭の見どころとなるトリプルアクセルまで、スタートからすぐに助走（円形のトレース）に入り跳んでいる。②リンクを右から左と移動してフリップ。助走にリンクの半面を使う。③④スピンのあと細やかなクロススケーティングをして、短い距離でスピードをアップ。S字に滑った後、リンク中央に戻るトレースでスパイラル。⑤⑥リンクの端でアクセル、スピンを連続。⑦リンクの端から端までパワーのあるストレートラインステップ。⑧ステップが終わり次第、スピンをしてフィニッシュ。

全体的に技が両端に寄っている（②・③・⑧、⑤・⑥・⑦）のと、エレメンツを同じ場所で続けている部分（②・③、⑤・⑥）があった。全体の演技には力があり、スケーティングスキル7.95と高評価だったのに比べると、つなぎ7.25、コレオグラフィー7.65と抑えられた。

浅田真央の2010-11年シーズンと前年のオリンピックシーズンを比較すると、リンクの氷面利用の複雑さや、エレメンツの配置、カーブの多様さなどが向上している。それぞれのショートプログラムのトレースを比較して見ると、成長ぶりが一目瞭然だ。

浅田真央のトレースを比較してみよう

2011年四大陸選手権SP「タンゴ」

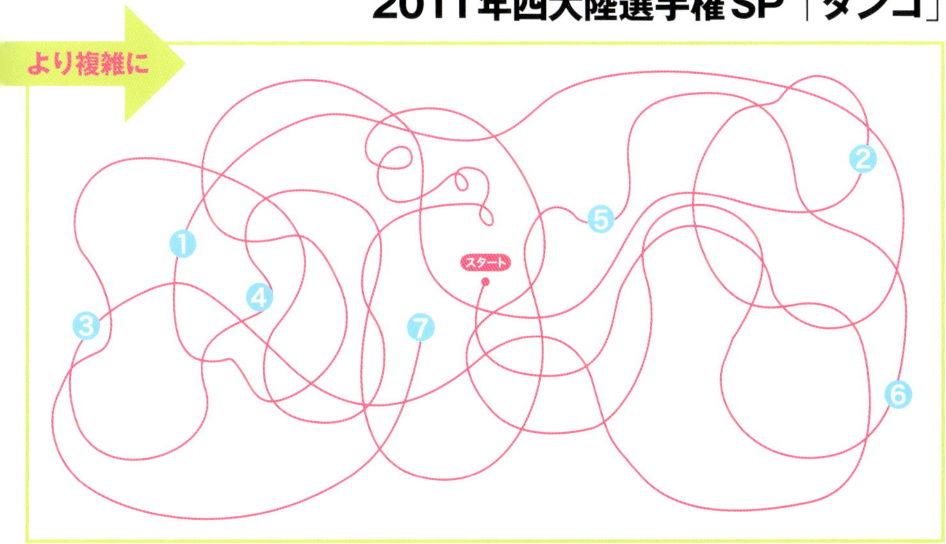

①冒頭のトリプルアクセルまで、リンクの端から反対側まで大きく滑り、スピードのある助走で跳ぶ。②小さな丸いカーブに乗りながら、リンクの反対サイドへ移動してループ。③両方向へのカーブを組み合わせながら移動して、丸い軌道からフリップ。④移動してスピン。⑤移動してスピン。⑥ストレートラインステップでは、左右だけでなく前後左右に動く。小さなカーブと大きなカーブを複雑に組み合わせた軌道。⑦移動してスピン。

技がリンク全体にくまなく配置されていて、見どころが偏っていない。また同じエレメンツを同じ場所で続けている部分はなく、スピンが連続する所も「つなぎ」を入れて移動している（④・⑤）。スケーティングスキル7.68に対して、コレオグラフィーは7.57で、５項目中２番目に高い評価。つなぎは7.32で前シーズンよりアップした。

浅田真央（2011年四大陸選手権）
©M.Sugawara / Japan Sports

① 3A
② 3Lo
③ 3F-2Lo
④ Spin
⑤ Spin
⑥ Step
⑦ Spin

ウエイトシフト

演技の空間を多彩に広げる

ウエイトシフト

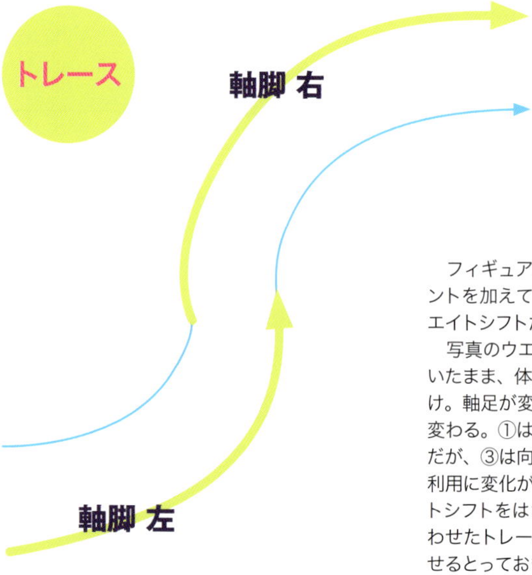

フィギュアスケートの演技に何気なくアクセントを加えてくれる、隠し味ともいえる技がウエイトシフトだ。

写真のウエイトシフトでは、両足とも氷に付いたまま、体重を左足から右足に乗せ換えるだけ。軸足が変わることで、乗っているカーブが変わる。①は向かって右が表現を醸し出す空間だが、③は向かって左が表現空間になり、空間利用に変化が出せる。また演技の合間にウエイトシフトをはさむだけで複雑なカーブを組み合わせたトレースになり、プログラムに厚みを出せるとっておきの技だ。

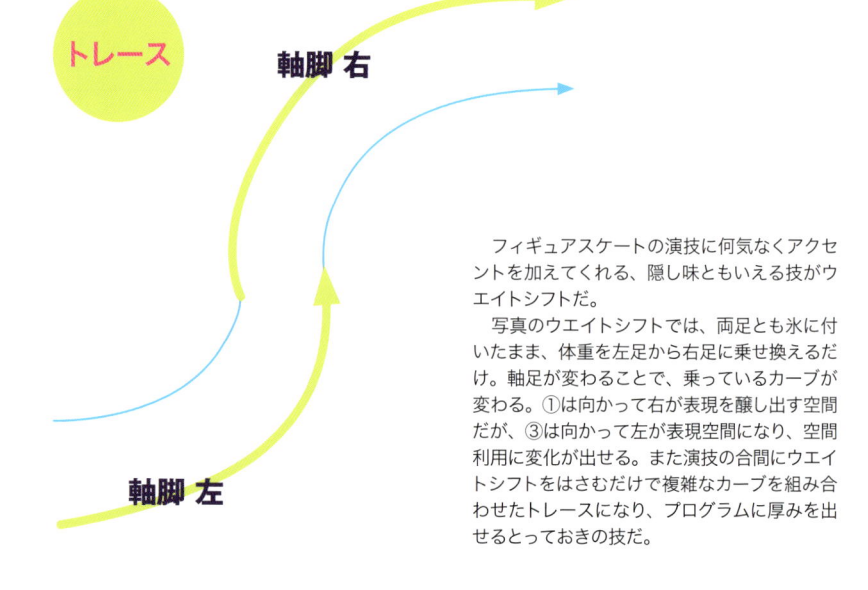

中村健人（2010年SBC杯）
©M.Sugawara / Japan Sports

nterpretation

インタープリテーション

音楽を好きになる

音楽を感じ取り、それを氷上での演技として表現するインタープリテーション（音楽の解釈）。音楽性の理解と、それを表現する技術との2つが大切だ。

単純に、音のタイミングを取ったり、リズムがズレないように動くという事ではない。作曲家や演奏者が音やテンポの強弱などの技術を通して表現している曲想を、スケーターは氷での演技としてやはり技巧的に行うことになる。その曲想と自分の心が一体となるまで音楽を何度も聴き、好きになった時、その音楽に詰め込まれた美しさを、最大限に伝えることができる。

Program
Interpretation
インタープリテーション

ワルツスリー・ヴァリエーション①（音楽の解釈別）

あでやか

右上から続く

スリーターンを身につければできるワルツスリーは、基本のフットワーク。しかし、曲のテンポや音の強弱などを感じ取り、重心移動や身体のラインなどで表現すれば、難度の低いステップを音楽解釈の魅せ場に変えることができる。

左下へ

3拍子なら「1・2拍が左足フォア、3拍目でスリーターン、4・5・6拍で右足バック」、4拍子なら「1拍が左フォア、2拍目でターン、3・4拍で右バック」のタイミングが最も自然で流れが良い。

写真では、左フォアアウトに乗り体軸となる左手を高く上げ、1本の長いラインを強調しながらターン。右バックアウトに乗り右手を上げ、目線を斜め上に向けて空間を大きく使うことで優雅な曲想を表す。チャイコフスキー「花のワルツ」、グリーグ「ペールギュント組曲第1番」など。

ワルツスリー・ヴァリエーション②（音楽の解釈別）

切なさ

一歩目の踏み込みを長くたっぷりと取ることで、感情を押し込め隠しているような曲想を表現。目線は低めで、あまり顔を見せない動きが切なさを表す。ショパン「ノクターン遺作」、「シンドラーのリスト」など。

しっとり・優しさ

バックアウトで流れる所にたっぷり間合いを取り、柔らかい動きの印象を与える。手は胸を抱きしめるように、脇を締めて手前に持ってくる。ドビュッシー「月の光」、リスト「愛の夢」、バッハ「G線上のアリア」など。

重厚感・暗さ

重心を上下に大きく移動させ、とくにバックアウトでは上半身を倒して重心を落とし、重厚感を表す。両手を高く上げることで強さを、一気に下げることで重さが出る。ベートーヴェン「月光」、ラフマニノフ「ピアノ協奏曲第２番３楽章」など。

太田由希奈（2003年世界ジュニア選手権FS）　写真：AP／アフロ

申雪＆趙宏博（2003年世界選手権FS）
©M.Sugawara / Japan Sports

音楽表現に欠かせない衣装は心の代弁者

オペラ「トゥーランドット」の名演者たち

　演技において欠かせないのが衣装。心の中を表現してくれる代弁者だ。音楽とスケーターを一体化させてくれるような衣装との出会いは、勝利へとつながる。

　多くのスケーターが名演技を重ねてきたプッチーニのオペラ「トゥーランドット」。氷の心を持つ中国の美女、トゥーランドット姫が、運命の王子からの求婚で心を開き、愛に目覚めていく物語。王女の心の変化を表現する様々な曲調があり、抑揚のあるプログラムに仕上げられる一方、緩急のある演技力を必要とされる。そのため衣装も多彩だ。オペラのどの部分を使うかで、衣装の雰囲気も変わる。

　太田由希奈の衣装は、氷のような心をイメージした青。ジュニアとしては少し大人びた雰囲気で、気位の高い王女を彷彿とさせた。荒川静香はこの曲で、２度の感動を呼んだ。04年世界

カロリーナ・コストナー
(2004年世界選手権FS)
©M.Sugawara / Japan Sports

エレーナ・ソコロワ
(2006年オリンピックSP)
©M.Sugawara / Japan Sports

キミー・マイズナー
(2008年ジャパンオープンFS)
©N.Tanaka / Japan Sports

荒川静香（右：2004年世界選手権FS
上：2006年オリンピックFS） ©M.Sugawara / Japan Sports

選手権では、表情の付け方や自信の持ち方が変わり、伸びやかで雄大な演技を見せ優勝。スラリと伸びた手足や細い身体を強調する黒い衣装は、心を閉ざしている絶世の美女をイメージさせた。また演技に柔らかみが増した06年トリノオリンピックでは、青と水色を非対称に配した衣装で、氷の心が溶けていく印象を与えた。

キミー・マイズナーは「誰も寝てはならぬ」の部分を使用。濃紺のシンプルな衣装は、初めての愛で心を溶かす純粋な姫を彷彿させた。エレーナ・ソコロワは愛に目覚めた姫の喜びを表現するプログラムで、衣装も愛の高揚感をイメージしたパッションピンク。カロリーナ・コストナーは、美しい旋律のバイオリン曲メドレーで使用し、柔らかさや温かみを表現するパステルカラーの衣装を身にまとい、無垢な愛を演じた。

申雪＆趙宏博組の03年世界選手権は、ペアの歴史を変えた名演。王子のひたむきな愛をイメージするシンプルな黒い衣装、炎のように燃える姫の心を表す真っ赤な衣装が、2人の演技に情熱を注ぎ込み、金メダルを舞い込ませた。■

特別企画

太田由希奈のナンバー「ピアノレッスン」を全解剖♪

力と美が共存する世界を実現

本書のモデル太田由希奈さんによる人気のナンバー「ピアノレッスン」
美しい演技の全フットワークを解剖した

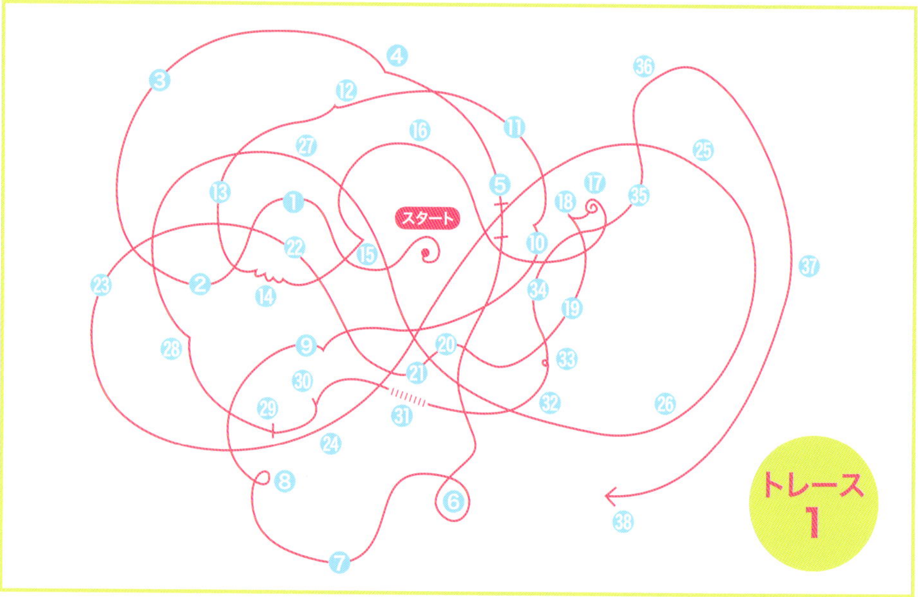

①バックイン (P73)

②バックイン (P73)

③フォアイン (P72)

④ストップ

⑤トウステップ (P50)

⑥ループターン (P44)

⑦インサイドイーグル (P101)

⑧トウステップ (P50)

⑨スリーターン (P38,80)

⑩スリーターン (P38,80)

⑪足上げる

⑫ブラケット (P39)

⑬イン・イナバウアー (P100)

⑭ツイズル(P42)
⑮ストップ
⑯バッククロス(P68)

⑰コンビネーション・
キャメルスピン(P28)
⑱トウステップ(P50)
⑲フォアイン(P72)
⑳ハーフジャンプ(P99)
㉑イン-アウト(P106)

㉒フォアアウト(P72)
㉓フォアクロス(P68)
㉔イナバウアー(P100)
㉕バックイン(P81)
㉖バッククロス(P68)
㉗ダブルトウループ(P16)
㉘スリーターン(P38)

㉙ストップ

㉚ロッカー(P40)
㉛トウステップ(P50)
㉜イナバウアー(P100)
㉝ターン
㉞フォアイン(P72)
㉟モホーク(P46)

㊱ウエイトシフト(P114)
㊲バッククロス(P68)
㊳スパイラル(P56)

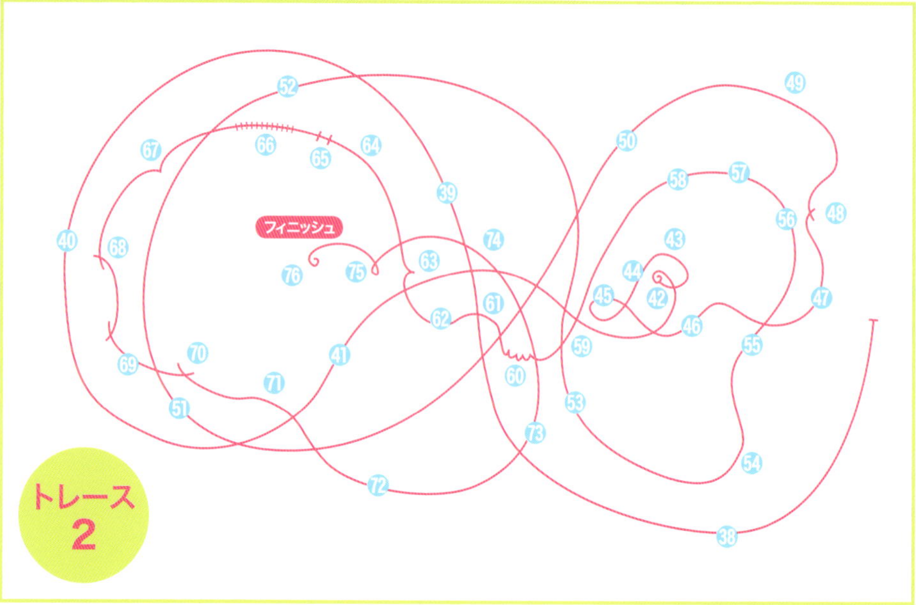

39 **スパイラル・チェンジエッジ** (P56)

40 **イナバウアー** (P100)

41 **イン-アウト（レイバック）** (P106)

42 **レイバックスピン** (P30)

43 **ウエイトシフト** (P114)

44 **モホーク** (P46)

45 **ウエイトシフト** (P114)

46 **バッククロス** (P68)

47 **フォアクロス** (P68)

48 **モホーク** (P46)

49 **フォアクロス** (P68)

50 **イーグル** (P101)

51 **バッククロス** (P68)

52 イーグル (P101)
53 ループジャンプ (P16)
54 クロスビハインド
55 イン-アウト（レイバック）(P106)

56 フォアクロス (P68)
57 イン・スリーターン (P38)
58 フォアクロス (P68)
59 スライド

60 ツイズル (P42)
61 イナバウアー (P100)
62 トウステップ (P50)
63 ロッカー (P40)
64 フォアクロス (P68)
65 バレエジャンプ (P99)
66 連続トウステップ (P51)
67 スリーターン (P38)
68 チョクトウ (P48)

69 フォアイン (P72)
70 モホーク (P46)
71 イン-アウト（レイバック）(P106)
72 パワースリー（バックスリー＋モホーク）(P43、46)

73 バレエジャンプ (P99)
74 イン・スリーターン (P38)
75 フライングキャメルスピン（ドーナツ）(P29)
76 イン-アウト (P106)

「ピアノレッスン」は2009-10年シーズンを中心に披露したショーナンバーだ。冒頭は静かなピアノ曲。しっとりとした旋律に合わせてフォアイン、イーグル、イナバウアーなど、柔らかなスケーティングの流れを見せていく。曲中盤の盛り上がりでスパイラル、イナバウアー、レイバックスピンと十八番を披露し、観客を惹きつける。後半は映画でも有名になったメインテーマに合わせて、パッションの溢れるステップシークエンスを踏み、一気にフィニッシュへと盛り上げていく。

全体を通して、蹴って進む場面がゼロに近く、巧みなエッジワークと無駄な力の入らないスケーティングが見どころ。美しい上半身の踊りと、正確なエッジから伝わる安定感のあるフットワークがマッチして、氷からエッジを通して上半身へとパワーが伝わっていく演技が完成している。

おわりに

ある朝のこと。樋口豊先生が指導にあたっている明治神宮外苑アイススケート場は空いていて、10人程度の練習生が氷に乗っていた。リンクの中央では、樋口先生が雄大なクロススケーティングを、70歳の“おじいちゃん”スケーターに披露している。「やっぱりカッコイイねえ」とおじいちゃんも満足顔だ。

そこに太田由希奈さんが現れ、ウォーミングアップの“氷上のヨガ”を始めた。きれいな丸いトレースを描きながら、悠々と氷の感触を楽しんでいる。ジャンプ練習に明け暮れていたジュニア選手も、見とれて足を止めた。

私たち“おばさん”スケーターは、交代でスピンをしてお互いの姿勢をチェックし合っている。ひとりが真っ直ぐな軸に入ってクルクルと回ると、「今、正しい軸に入ったのを身体で感じたわ！」と笑顔を見せた。

立場もレベルも違うが、みんなが「美」を追求している風景だった。樋口先生をとりまくこの贅沢で優雅な時間を、何とかして多くのフィギュアスケートファンに伝えられないか。そう感じた。

樋口先生の見る目、そして多彩な引き出しは、日本フィギュアスケート界の宝だ。太田さんは、その引き出しを少しでも体現して、次世代に伝えるのが自分の役目だという。そして、いくら習っても体現出来ない私は、拙いながら言葉に落とし込み、多くの人に伝えてくのが役目だろう。

本書で紹介したのは、私の理解不足もあって、樋口先生が持つ無数の引き出しのほんの一部。しかし、理解が難しいからこそ、より深く知ろうとして今年も観戦に行く。そして、なかなか身に付かないからこそ、今日も練習へと出かけるのだろう。

私にフィギュアスケートに関わるきっかけを下さった伊藤みどりさん、その魅力を日々伝えて下さる樋口先生と太田さん、そしていつもお世話になっているスケート関係者の皆様に、心より御礼申し上げたい。

2011年4月吉日　　野口美恵

■監修：**樋口 豊** Yutaka Higuchi

1949年9月20日生まれ。全日本選手権3連覇、1968年グルノーブルオリンピック、1972年札幌オリンピック代表。明治神宮外苑アイススケート場でインストラクターを務める傍ら、NHK、J SPORTS等で解説にあたる。

■モデル：**太田由希奈** Yukina Ota

1986年11月26日生まれ。2002年ジュニアグランプリファイナル優勝、2003年世界ジュニア選手権優勝、2004年四大陸選手権優勝。2006年から樋口豊に師事し、基礎に忠実なフィギュアスケートの美学を学び、2008年秋に引退。現在、プロスケーターとして活躍。

■企画・執筆：**野口美惠** Yoshie Noguchi

スポーツライター、元毎日新聞記者。自身のフィギュアスケート経験を生かし、「WORLD FIGURE SKATING」をはじめ「Number」「AERA」「Sports@nifty」等に、技術やルール、選手心理に詳しい記事を執筆。日本オリンピック委員会公式ホームページ記者としてバンクーバーオリンピックを取材した。92年より趣味でスケートを始め、現在は樋口豊に師事。「International Adult Figure Skating Competition 2011」ブロンズI部門優勝。

フィギュアスケート 美のテクニック
監修：樋口 豊　モデル：太田由希奈　企画・執筆：野口美惠

2011年 5 月10日　初版第1刷発行
2017年 2 月20日　第4刷

発行：株式会社 新書館
編集：〒113-0024　東京都文京区西片2-19-18
TEL 03（3811）2851　FAX 03（3811）2501
営業：〒174-0043　東京都板橋区坂下1-22-14
TEL 03（5970）3840　FAX 03（5970）3847
表紙・本文レイアウト：SDR（新書館デザイン室）

演技撮影：田中宣明（ジャパンスポーツ）
撮影協力：帝産アイススケートトレーニングセンター
衣装協力：チャコット株式会社
協力：ジャパンスポーツ／株式会社プリンスホテル
明治神宮外苑アイススケート場
日本スケート連盟／国際スケート連盟
ワーナーミュージックジャパン／株式会社フライングペンギンズ／東京バレエ団

印刷・製本：加藤文明社

Printed in Japan　ISBN 978-4-403-32034-7